# 江燦騰自學回憶錄
## ——從失學少年到台大文學博士之路

◆江燦騰 著

江燦騰——在竹北家的書籍前

江燦騰、金恆煒、葉金川、釋昭慧——參與慈濟新聞事件

江燦騰在天下文化介紹印順導師撰新書

1983年夏天江燦騰（最後右一）在師大與同學和師長合影

2000春江燦騰在台大研究室報告博士論文計劃後與指導教授李永熾（前右）和學弟們合影

2000年夏以最優成績通過台大史研所博士論文答辯後與兩位指導教授李永熾（左）和曹永和院士（右）合影

2002年夏江燦騰在玄奘大學宗教研究所與所指導的研究生合影

# 給讀者

　　我這一本書的寫作，歷時半世紀之久，整個內容分成四大部分。其中，第一輯的五篇文章，是寫作年代最晚的。所以對於我所經歷的早年坎坷歲月，早已不再激起強烈的悲情或無奈戚然的感傷，反而有一種雨過天晴般的明晰和清新，讓我能以長距離的時間視野，來反顧早年這些歷如昨往之事。

　　的確，它們不像因年代久遠，早被記憶遺忘的生命中瑣碎事務之模糊淡痕，卻更像才發生過不久的深刻情景印象和奇妙無比的人生經驗之再現。

　　因此，我非常願意向老友重逢一般，把這些湊巧發生在我個人生命中殘存的記憶印象，透過如今已較自然和更為成熟的樸素之筆法，一一對讀者訴說和進行我個人人生經驗的分享。

　　在此同時，為了答謝社會各界，包括海峽兩岸的不少學界的朋友們，長期對我的治學過程與我生平自學之法深感好奇和關懷，所以我在本書的第一部分內容，特地就此作了長篇的自我剖析和解讀。我希望對於想有所借鏡的人，也能提供一點對彼等有效或有用的自學方法和某些能使彼等減少錯誤的正確認知態度。

　　如今，猛一回頭思想起來，我生命中的真正意識覺醒，其實是開始於一次秋夏之際的微雨後黃昏，當時遠處天邊猶有

一道亮麗的彩虹，像巨大圓弧般的高掛在遠處山峰之頂的晴空。當年我七歲，並且，當天和我一同觀看天邊彩虹的鄰居老人，卻是一位五十多歲的持杖老翁。但是，他當時卻作弄我，告訴我如果向山兩邊下掛的彩虹快速奔過去，再撿起路邊乾淨的石頭向其中任何一邊的彩虹輕敲幾下，那麼彩虹內的銀幣就會像儲存在竹筒中的銅幣一樣，嘩啦啦地滾出一堆在地上讓我隨便撿。

他沒料到我真的相信了，轉身就向遠處的山路快跑，我焦急地邊跑邊牽掛夕陽西下之後，彩虹會立刻消失，所以跑得口乾舌燥，還上氣接不了下氣地，當場真恨自己為何跑不快？

可是，在遠處墳墓旁的翠綠草地上，有位放牛的鄰居小孩，卻在對我招手，並問我如此快跑，是發生了什麼事？我跑過去把剛才那位鄰居老人告訴我的話，重複地對他說了一遍，誰知他聽了之後，立刻用手掩嘴，偷笑了起來！

我一看他笑彎了腰的滑稽表情，立刻醒悟：我被鄰居的老人騙了。

所以對被視為可以讓自己永遠仰賴的老人所欺騙的深惡痛絕，頓然開啟了我的智慧心靈之眼。我開始不再輕信任何最親近的人。

而此後的人生中，即時在最幽暗和最孤獨的處境，我也能堅毅和冷靜地獨自去面對。事實上，也可以說，我從七歲的人生之眼開啟之後，就不曾成長過。

如今我雖已六十二足歲了，卻仍感受不到如鄰居老人般的老朽心態，也就是說，我還是能夠在此刻的回憶中，清晰地記

住當時七歲的我之好奇和充滿盼望的眼所看到的那道亮麗的天邊彩虹，和另一張雖是老人姿態，但充滿欺騙表情的詭異之眼臉。

於是，我帶著和七歲當時幾乎原樣不動地對人生好奇但已非常清醒的眼光，居然能度過了迄今已消逝達五十五年之久的漫長歲月，並且在今年歲末，我自己還能親自重編早年曾自修和練習寫作過的各期作品。所以此刻，我像是在看待一種自己生命的年輪一般逐篇地回顧——呈現於本書各篇文字中的生命刻痕和當年心頭所感動之各種往事的鮮明印象。

所以，你眼前的這本書，從第一輯之後的每一篇內容，包括第二輯中的早期論學書信輯選的四篇內容、第三輯的青春自學時期的三篇論文選、和第四輯早年散文作品選集的八篇，全都被我用來印證從早年迄今所經歷的每一件事蹟的附錄文獻證據，或稱其為一種屬於半原始性質的文獻史料的記載。並且由於我如今並無太大的得失之心，所以反映在這些文字上的內容，也相對地能心態誠懇和能維持原貌。

可是當我書寫到這裡時，正如過去的作者所常經驗到的，我仍願坦白承認，我不知讀者會如何看待本書這些內容？甚至我可能也無法知悉本書出版後是否有知音者？

儘管如此，在另一方面，由於我過去的人生經歷，從來就不是能預期的，所以當我看到英國哲學家休模，只用一篇很見短的自傳，來介紹自己的生平時，我就頓然覺得有種莫名的無限感動。

7

不過，我這本談自學的回憶錄，雖非大書，卻已遠比休謨自傳的字數長得太多了，為了表示一下，我對休謨個人的此舉之敬意，我現在正執筆書寫的這篇短文，就寫到這裡為止了。

作者寫於北投中和街

2008/12/3

# 目次

◀ 第一輯 ▶ ■

# 我的自學歷程：
# 從失學少年到台大博士之路

◀ 第一輯 ▶

我的自學歷程：從失學少年到台大博士之路

# *1.* 人生的黎明：

## 我的幼年時代和青少年時代

### 一九四六年

我是在一九四六年十一月三日誕生（農曆為十月十日）的，在家中排行老三。大哥江義雄（六歲）、二哥江英俊（三歲）。出生地在桃園縣大溪鎮一心里（現改為一德里）的三板橋水利工作站附近。當地是廖家村，所以我的鄰居都是姓廖的人家。我家的房子，是向前屋主買來的廖姓祠堂左邊護龍的房舍，因為前屋主是在此製茶的，屋舍的隔間很空闊，能讓小孩任意活動。

從我家屋前向西遙望，夕陽和晚霞都在大漢溪對岸，像長城般隔斷的地方，緩緩地消失，此時若向祠堂後面的東方山嶺高處回首，則會對清涼夜空中的新眉月和點點星光，有許多感觸或遐想。

我的父母皆為世居大溪鎮月眉灣江氏大宗族的童養子女，因我的祖父早逝，祖母年輕守寡，為了經營所繼承的本房龐大田產，分別收養兩位童男、童女，長大後再予婚配。

我曾有一個從未認識的姑姑，對於她的容貌和年齡，完全沒有印象。

　　至於領養的另一對童男、童女，即我的大伯父和大伯母。但大伯父早死在菲律賓的某地，所以有關他的際遇，都是聽我母親說的；至於大伯母，我也是在多年後，才認識她和領受她的精明。她是落難後才帶著兩個男孫，來和我們同住的。

　　由於太平洋戰爭期間，年輕力壯且精於劍道的父親，並未被徵調到南洋或中國戰場當兵。因為動用關係，及父親平素和日本警方交往密切，便得以「隘勇」的身份，協助日本警方駐守在北部泰雅族重鎮的角板山附近。

　　父親本業是裁縫師，技藝高超，容貌俊帥，是大溪鎮上公認的美男子。因平素喜歡練劍和各種運動，加上家境富有，所以三教九流的朋友都有。在大溪鎮仍流傳著，父親在南雅廳警部的武德殿競技，連敗十八名高手的光輝紀錄。而唯一擊敗父親的許振來，是大溪最資深的刑警，蔣總統大溪賓館的長期管區警察，也是我日後的岳父。

　　雖然如此，父親的婚姻，始終潛藏著不安和分裂的危機。可以說，江家日後的悲劇，都和這一不幸的婚姻有關。

　　父親和母親是在日據昭和十四年（一九三九）結婚的。當時父親十八歲，母親十七歲。

　　昭和十二年（一九三七）的七月七日，在大陸有所謂「蘆溝橋事變」，日軍進攻華北，激起中國全面抗日的決心，展開了長期（前後八年）對日抗戰。

　　中日全面戰爭的爆發，也促使日本在台灣加速同化政策，在島內展開所謂「皇民化運動」。戰爭的危機感，使得島內的

14

民眾也跟著被迫動員起來。其中一部分台籍壯丁被徵調至大陸戰場充當車伕，協助日軍作戰。

為了逃離這種戰場勞役的徵調，父親要求和同為童養的母親結婚，然後設法到大溪附近的山區警部服務。

不料這一要求，立刻被母親斷然拒絕了。母親拒絕的理由，是瞧不起父親的行徑，是個十足的浪蕩子弟，吃、喝、玩、樂，樣樣皆精。反之，母親在未到江家之前，是黃家的長女，精明能幹，八歲到江家後，立刻獲得養母的賞識和歡心。不久後，即成了養母的得力幫手，舉凡內外一切家務和田產收租的煩瑣事務，皆能處理得井井有條，宛若《紅樓夢》裡的「鳳辣子」——王熙鳳一般。

但也由於她大小權力一把抓，其他同被收養的二男一女，都對她存有畏懼感。這一由權力操控所形成的緊張性，甚至導致日後彼此之間的情感疏離，不能合作無間。

先結婚的大伯父和大伯母，期待經由結婚成家，可以分得部分資產或擁有較大的家產支配權。後來卻發現，除非父親也能和母親結婚，否則所有的大權，不可能被釋放出來。父親也知道，除非有母親的精明和經濟方面的支援，否則他的活躍和光彩，即會迅速架空、黯然無光。

但母親卻心儀從事運輸業的表兄，無意和父親結婚。於是這件求婚與拒婚的風波，只有仰賴家族長輩的仲裁了。

當時在月眉灣的江家，已是大溪僅次於李騰芳家族的大家族，土地廣大、物產豐饒，生活相當奢侈，據說由於經常宰殺

雞鴨魚肉等，江宅邊洗滌的溝水，整年都帶著腥味和淡紅色。

像這樣的地方望族，自然不允許子孫輩有公然反抗的行為，因此養母請族中長老出面，要母親和父親一起到祠堂的大廳，跪在歷代江家祖先牌位前聽訓。族家長老首先指則責拒婚的不當，因為江家收養的目的，就是要等長大後成親，為江家繁衍後代子孫。

如今撫養成人，卻違背母命，是十足的大不孝，所以要母親在祖先面前親口答應婚事。於是在家族長老的嚴命下，母親噙著淚水，點頭答應和父親結婚。

一場拒婚的風波，是暫時化解了，但年輕夫婦的心頭陰影，卻深烙在記憶中，彷若潛伏的地雷，不知何時會被踩到，因而炸爛了美滿的婚姻。

由於要迅速擺脫拒婚風波所帶來的閒言閒語，母親除了交出家中的經濟大權，也搬出月眉灣江家。先到鎮上開一家裁縫店，儲蓄了一些資本，長子誕生後，父親又老毛病發作，經常不顧店務，到街上去找朋友玩樂。

但畢竟店是靠老婆在經營的，所以在未脫離老婆的視線之前，他是既勤勉又善良的。他的好脾氣、好手藝，為人親切、慷慨，使他永遠不愁沒有朋友。在這方面，老婆可能會羨慕他吧。

不過，戰爭期間，一切都充滿了不安全感，所以他接受老婆的建議，到山裡去服務，以避免被徵調到大陸或南洋去。他的社交關係，此時發揮了作用，於是一對年輕夫妻帶著剛滿周

歲的長子，順利地來到角板山山地。這裡是淡水河的上游，也是原住民泰雅族的居住地區。據說名作家鍾肇政所寫的《插天山之歌》，即是以這一帶的風土民情為體材的。

因此，雖是遠離大溪街上的繁榮生活，卻可從山川秀麗的景色和悠閒的山地生活取得補償。何況，到山地來，雖說要防範泰雅族作亂，父親卻早已在原住民的部落裡，交到一大票喝酒的伙伴，甚至和山地婦女也處得不亦樂乎！所以是公私兩便，沒什麼可抱怨的。

母親對他的作為，在結婚後，漸漸學會睜一隻眼閉一隻眼。同時，趁著在山上開銷少，可以多積蓄，母親利用戰時的配給品，像煙、鹽、糖等，跟原住民交換土產，像雞、鴨、竹筍或獵物等，經過加工，再和日本駐山地警衛人員交換配給品。

此外，她也縫製衣服，賣給山地人。這期間，有相當可觀的利潤，使她的荷包大為充實。這也是戰爭結束後，父母親可以迅速回到鎮上購買大批田產的原因。

在戰爭結束前兩年，次男英俊誕生了。

直到戰爭結束時，大哥義雄和二哥英俊，都有在大嵙崁溪上游坐獨木舟泛遊溪流的經驗。這是在大溪鎮郊農家出生的我，童年經驗中大大不如二位兄長的地方。

我出生時，已是戰後的第二年。父母也從戰爭期間避居的東北角板山地，遷回大溪近郊的廖厝（因此地大都居住廖姓人家而得名）。

17

　　在戰後第二年才出生的我，總算擁有褓姆照顧和大地主家庭一份子的身份。但儘管如此，在戰後即開始忙碌於經營田產的父母，無形中疏遠了對我的關懷。

　　這對我的幼稚心靈，造成了極深的負面影響，使我日後一直存有漂泊的不安全感，孤獨的陰影，強烈地籠罩著幼年時期的我。

　　這一影響人格發展的潛因，是理解日後的我，不可忽略的重要部分。

# 一九四七年

　　一九四七年二月二十八日，爆發了所謂「二二八事件」。在大溪地區，有相當多的外省住民遭到攻擊和凌侮。隔月，白崇禧來台安撫，事件平息。但隨之而來的清鄉運動，使不少滋事的本地青年，被槍殺在大溪橋下的沙洲上。其中被挾怨報復者，也不能說沒有。但對忙於經營田產耕種的父親來說，幸好因此未被牽連，總算逃過了一劫。

　　但這其實是僥倖。因為日後我在無意中發現，家中實際上是藏著武器的。而且父親的結拜兄弟甚多，其中也可能有實際參與過「二二八事件」的人。只是時過境遷，這一切也就化為過眼雲煙了。

　　這年照顧我的，還是鄰居守寡的阿波嬸。她是一位貧窮的佃農之妻，已經五十幾歲了，有一大群兒女，是廖厝中較為清苦的。她的兒女已經長大，到處為人幫傭或佃耕，她則替江家

照顧我。因為家住隔壁（向父親租屋），我是在阿波嬤的背上度過我最初的童年時光的。

# 一九四八年

由於漸漸會自行遊戲，穿開檔褲的我，開始在家中庭院到處玩耍，對一切都充滿了好奇。之前的屋主是個茶商，為了製茶需要，屋宇非常高大寬闊，一間接著一間，彷彿走不完似的。屋內的天井中有一口淺水井，沒有裝井圈，一探手，即可接觸到井水。我的哥哥在井中放養了烏龜，頗引起我的興趣。

這年的秋初，趁阿波嬤回家煮飯，放我一個人在天井的空地上自行玩耍時，我先好奇地走近井邊，對著井水照出自己在水中的臉影。

正在興奮的當兒，忽然看到有隻烏龜浮了上來來，彷彿在水底待了太久，需要透氣似的將頭冒出水面，同時四隻龜腳也輕劃著水，以防有緊急狀況時，可以迅速逃走。

這樣一來，更挑起了兒童的好奇心，像貓戲老鼠一般，我忍不住伸手要抓烏龜，烏龜則趕忙潛回水中。可能是清澈的水裡映著白雲藍天，使我忘記了井中是一丈多深的積水，心一急，怕烏龜逃走，也跟著躍向烏龜潛水之處，雖然抓著了，人也噗通一聲掉進水裡。

正在水中驚慌掙扎的當兒，吃了幾口水。幸好母親回家提茶水，聽到井中有呼喊聲，趕緊衝到井邊一看，正好看見自己

的小孩掉在井裡，快要下沉，趕忙往水中一撈，抓住小孩的衣服，提了上來，卻發現我雖然嚇得哭出聲音，兩手還是牢牢地抓住烏龜不放。

母親一面把烏龜搶過來丟掉，一面怒叱在隔房煮飯的阿波嬸，告訴她：由於她的疏忽，差點讓小孩淹死在井裡。

阿波嬸只好惶恐地一再道歉。最後還是請人收驚，此事才告一段落。

按照當時的習俗，母親也替大哥義雄領養了一個童養媳，叫邱花子。花子的父親叫蔡林達，母親叫邱銀，她從母姓，是靠替人打工為生的窮家子女。她在本年的九月二十日，從鄰近溪邊的樵寮埔被領養到江家來，一方面準備日後和義雄成親，一方面來接替阿波嬸，負責照顧我。到江家後，花子便改稱「秋菊」。

這一年因為國軍在大陸的戰爭中節節失敗，大批軍隊和難民，相繼撤遷到台灣來。為了穩定島上的政局和治安，台灣省主席兼警備總司令陳誠，在五月二十日下令實施戒嚴，並開始逮捕大批逃到台灣的大陸籍而未報戶口的僧侶，以「無業遊民」的罪名加以審訊。當時才四歲的我，絕未想到，四十四年後，自己居然會撰寫論文，揭發這一段僧侶受難的插曲。

事實上，這一年也是我不幸的一年。

這一年秋末時，由於秋菊貪玩，疏於照顧我，導致停放在稻田中的打穀機，將我的右手姆指和食指彈裂、彈斷了。

當時，因為鄰居的小孩和秋菊帶著我到稻田裡玩，看到打穀機停放著，便模仿大人收割時的動作，先用腳踩踏板，驅動

帶角齒的轉輪，然後將田中的稻草成束地放進打穀箱內讓帶齒的轉輪彈打，就好像農忙時，大人在彈打稻把一樣。

當較大的孩子玩得興高采烈的當兒，沒留意到較小的孩子也在一旁跟著模仿，一樣拿著稻把，悄然靠近，將手伸向快速轉動的打穀輪，結果當稻把接觸轉輪時，輪上彈打稻草所產生的彈大內拉力，將我拿著草把的右手往箱內帶，就在那一瞬間，右姆指和食指都被打得肉綻骨碎，鮮血直流，痛得我哀號大叫。

其他小孩看見這種情形，趕快將我背離現場，一面嚇得大聲喊叫；大人聽見了，紛紛從家裡衝出來，奔向小孩的叫聲處，才發現我的右手指部分血肉模糊，傷勢嚴重，必須趕快處理。經送往街上的醫院處理後，將裂開的姆指縫合，並將碎了中節指骨的食指，先挑去碎骨，再把指尖的一節縫到指根上。

也由於這個緣故，我的食指只有常人的一半長度，而且因為缺乏關節，右手第二指指尖的一節從此未隨年齡發育，仍保留著四歲時的小孩手指；而手指和手掌相連的部分，則和常人無異。姆指縫合的裂痕，長大後依然清晰可見。

以後雖然痛苦消失了，但拿筆寫字時，必須倚賴中指和姆指，所以非常用力，常有將筆尖折斷或折彎的情形。用右手三指行童子軍禮時，也會被不知情的教官懷疑為什麼少了一根指頭？惹得同班同學笑話不已。

不過，除此之外，也沒有什麼不便之處。長大後一樣當兵，一樣可以用中指開槍。說起來，這還是不幸中的大幸呢！

# 一九四九年

　　這一年的春天，鎮上按往年習俗，在農曆的二月十一日宰殺「豬公」，祭拜大廟的開漳聖王陳元光，以恭祝他的誕辰。大溪早期的居民，以來自漳州的開墾移民最多，所以建立了開漳聖王廟，以示不忘家鄉本源。以後居家漸多，便在神前議定以按姓輪值的方式，每年在神誕日舉行獻祭神豬大典。大溪鎮的姓氏輪值順序是每姓十年一輪，依序是李，江，林，簡，張、廖，黃，呂，王、游，陳，雜姓。這大體也反映出早期鎮民各姓宗族的人口結構。

　　在我的記憶中，這年是我生平首次見到大人在井邊宰殺「豬公」的全部過程。那種平素被飼主愛護備至的數百斤大豬，如今為了取悅地方守護神的緣故，毫無憐惜地就被宰殺了，鮮紅的血水、剃毛剖腹後的內臟和排骨，令我有種莫名的恐懼，那是全然陌生、令人好奇，卻又使人背脊發冷的新鮮經驗。

　　當然，節慶的歡樂氣氛，以及「豬公肉」的美味——物質匱乏的時期，有豬肉吃，是難得而令人珍惜的享受，可使得心裡的恐懼聯想，沖淡不少。但豬被宰殺時的無助哀號，卻始終烙印在我的心版上。

　　幾年後（八歲那年），我因為左牙床發炎長膿，必須被捆綁手腳，躺在手術台上等候開刀，這種擔心被人宰割的恐懼感，更曾一度令我驚慌。死亡的問題，自此是個困擾我長達四

分之一世紀的可怕惡夢，同時也成了我日後出入各種宗教，以尋求心靈安寧的遠因之一。

這一年的六月二十五日，韓戰爆發，北韓攻入南韓。七月初，美國的麥克阿瑟將軍被任命為聯軍統帥。九月底，聯軍登陸南韓，收復漢城。十月中旬，聯軍的部隊抵達北韓平壤。同月下旬，百萬中共自願軍赴韓參戰。十一月二十五日，聯軍被逐回三十八度線，雙方形成僵持的局面。對我來說，被韓激起的好奇心，是被初上小學的二哥英俊和鄰居一群年長的小孩所感染，因為他們從學校放學回來，就不斷地談論著聯軍作戰的事，那種興奮中帶著權威的談論表情，使得機靈的我，總纏人似的跟在旁邊聆聽，宛如在分享什麼有趣的新聞一般。

當時的我，實在不曉得什麼是韓戰？誰是聯軍？但我的二哥一再提到八國聯軍打中國，中國以一對八，真是厲害！這可以說，也構成了他人生中的第一堂歷史課。

日後我在學校時的歷史科目，始終是最優秀的，在小學時期即成為全校公認的「天才」，大約是幼年的歷史好奇心不斷地鼓舞著，我才能有日後傑出的表現罷！

# 一九五〇年

由於對鄰廖姓人家，有兒女在台北經營照相館及在東門市場賣菜，過年過節回鄉時，總是穿著華麗，提著大包小包的糕餅禮物等，帶著一群同樣穿著漂亮的「台北小孩」，坐汽

車回家。這在貧窮的鄉下，是令人羨慕，也是轟動遠近的榮耀之事。

可是，都會小孩回鄉後的高傲自大、仗勢欺人，和佔盡一切光彩的作為，令我深深不以為然，往往會藉故和他們對抗。雖然我當時的身體還很清瘦，是所謂的「鐵骨生」，但就是不願服輸。不過，在小孩群中，我很快就被孤立，成了非主流派的獨行俠。我有種被遺棄的感覺。

父親平素雖不關心小孩，卻能適時的安慰，使我頗有溫暖之感。（例如告訴我：「介山」（我的小名）偉人的稱呼。）這是很奇妙的父子感情；浪蕩子的父親，雖然經常讓家裡苦惱和困擾，卻對我這排行第三的瘦小男孩，有一種旁人所沒有的讚賞和信賴。因此，我常替父親到三板橋的小雜貨店買酒，而父親也不計較我趁便私買花生米的不良行為。

但我卻每天被母親痛揍。父母對待我的方式，好像兩個極端。長期處在這樣的夾縫中，我自然比同齡的小孩更早熟、更機伶，也更獨立。

屋前面對的落日處，就是大溪對岸的崎頂；更遠處則是八德、桃園和中壢。此時這些地方，都只聽說，從未去過。但我常幻想，有一天，我能逃離這個家，去到落日邊的遠方世界，這成了當時幼小心靈的秘密夢想。不過，實際上還要再等九年（一九六〇年），才真正成為事實。

# 一九五一年

七歲是讀小學一年級的年齡，鄰居的同年齡玩伴，都紛紛入學，但因為我是十一月三日生的，未足歲，不能入學，還要等一年才行。

在家中，讀六年級的大哥義雄和讀三年級的二哥英俊，在功課上成了兩個極端。大哥成績優秀，二哥則成績不佳，大多數的科目都在五十分以下。因此，成績不理想的二哥，雖然容貌俊秀如其名，做玩具的手藝也極為靈巧，卻因不會考試，經常挨父親的棍棒。父親要大哥、二哥背誦課文時，如有遺漏和錯誤，即毫不客氣地用指尖撕擰他們的眼皮，痛得他們哇哇大叫！

但這些對我來說都不是問題。我雖未上學，卻記憶力驚人，幾乎一聽就記住了。再久的事，只要一提起，我便能歷歷如繪地重述出來。所以我常嘲笑二哥的不及格分數，也不擔心父親考背課文。

但我的此一態度，使得二哥相當反感，認為沒真正讀書和被考試以前，一切都是空談。事實上，二哥如此說，當然有他的理由。若要做風箏、刻陀螺，我一點也不夠看。他的其他手藝，也令大人都自愧不如。甚至日後他改行學修汽車，或開大砂石卡車，也絕頂出色。

可見，兄弟之間，既然各人的性向不同，表現各異，拿來相比很不妥。最好一開始就不要比，以免傷了和氣。

25

# 一九五二年

　　這一年，台灣地區開始實施「耕者有其田」的農地政策。我和母親到大溪街上去領「實物債券」，地點在車站附近的對街，交通便利，但人潮洶湧，彷彿拜拜時一樣的熱鬧。此次領「實物債券」，還發有紀念品，好像中了獎一般，是我生平初嚐的新鮮經驗，心裡興奮了好幾天。

　　我家的屋後，有一片桂竹林，桂竹林又和鄰居的茶園交界，而交界處有一棵高大的龍眼樹，每年都結滿了龍眼。

　　每年春節，鄰居的台北小孩回鄉，都會因為爭龍眼樹屬於誰、誰有權利採龍眼，常和我爭吵起來。母親在這年開始告訴我，因為實施「耕者有其田」的政策，此樹是我們家裡的，對方不能再爭了。

　　不過，「耕者有其田」到底是怎麼回事，我根本不清楚。另一方面，由於我父親將屋前屋後的十數棵大龍眼樹，都用鋸子鋸倒，說要改種尤加利樹，價值更高，所以龍眼樹的風波就從根本消除了，我再也不需找理由，來證明龍眼樹上的龍眼該由誰揀了。

　　但有一件事，我一直到結婚後，才聽岳父說起。據許振來回憶，父親曾持武士刀立於田中，不讓佃農接收土地，引來軍警持槍包圍。後來他以老朋友的身份，替父親擔保，才在交出武士刀後，免於刑事的追究。不過是否真有其事，或已被加油添醋，因為母親已絕口不談往事，所以是無從證明的。

其實，八歲這年初秋上小學，對我來說，才是一件苦惱的事。首先，我怎麼寫，也沒辦法將名字寫整齊，因為筆劃太複雜了，彷彿長了一雙大腳，穿不進小鞋子一般。我想把所有名字的筆劃都擺進格子裡，卻怎麼也做不到。所以，從教科書的背面到筆記本的封面，只要是我的名字，一概都拜託二哥替我寫。

其次是每天早上要檢查個人的衛生用品，像手帕、衛生紙、指甲等，我總是不及格，所以經常被罰站、打手心。我的級任老師徐春子，甚至因此斷定：我一生都不會有出息，因為我太懶惰了。可是，以後的事誰又知道呢？

另外有一件事，是發生在寒假的時候，那就是我生平首次，被送上手術台動開刀手術。原因可能是，吃了太多稻田水溝和渠洞捕來的魚所致。那些魚，有些是用釣的，有些是用毒藤汁毒倒的，有些則是排乾水後用捉的。起初，臉頰疼痛，以為是長了「豬頭皮」（即腮腺炎）；後來腫痛不消，實在受不了，才請鎮上的「日本醫生」（鎮民如此稱呼）診斷，發現是下臼齒的牙齦長了膿包，必須開刀才行。帶我去看病的母親同意了，安排在晚上進行。但到底要怎麼進行呢？問醫生，醫生只淡淡的回答說：「不痛！很簡單！很快就完成了！」

結果，晚上七點多，照約定時間來到手術室，才發現裡面排滿了雪亮的手術用具，空氣中充滿著濃濃的消毒藥水味，心裡覺得不對勁，想逃走，但已經來不及了。醫生的年輕男助手，叫我先躺在一張上舖著白布的手術台上，然後用台旁的橡

皮帶將手腳都套牢，使全身無法翻轉。我覺得害怕，便大哭起來了。母親安慰我，說不會痛，不用怕，一會兒就好了。但醫生隨即又請我的母親出去，只剩他一個人，這讓我更加惶恐，不知道要怎麼辦才好。

我接著告訴醫生：我想小便，可否放我下來？醫生說沒問題，不用起來。他叫助手拿出一個透明的玻璃瓶，解開我的褲子鈕扣，將下體放入瓶頭中，就要這樣解決我的小便問題。

我雖感到啼笑皆非，但無法起身，也只好將就了。小便的問題解決後，醫生在我臉上覆上一塊手術布，用剪刀剪開，先在臉腫的地方打一劑麻針，接著割開左下顎的皮肉，清除膿包的積膿。疼痛的感覺非常強烈，加上手術時的金屬磨擦聲，使我更加害怕那種被宰割的感覺，很無助，於是一直不停的哭叫著。最後，在極度疼痛、害怕，加上麻藥發作的情況下，整個人便在聲嘶力竭中昏了過去。等清醒之後，我的臉上已被包上紗布，嘴裡鹹鹹的，疼痛漸漸退了一些，但發現進房的母親，眼睛也是紅紅的，顯然曾流淚過。這令我大為感動。我總算明白母親的心情了。

# 一九五三年

在學校裡，我又出現了新的煩惱。那就是徐春子老師一直懷疑我考試作弊，因為她是根據我不寫作業和全身經常髒兮兮的情況來判斷的，她主觀的認為，像這樣的小孩，怎麼可能考

出好成績？一定是靠作弊的！為了這個緣故，一度要藉故趕我回家，不讓我繼續留在班上。我怕回家會被痛打，只好以大哭來抗議和爭取旁人的同情。最後是靠老校工說情，才沒被趕回家。

徐老師是我一、二年級的級任導師，她一直沒發現我有驚人的記憶力和敏銳過人的反應能力。而我其實根本用不到一半的注意力，就可以在測驗方面勝過班上的其他同學。

在小學時能欣賞我，並知道我潛力驚人的，是國小三年級的李秋菊老師。但那已是隔年的事了。總之，最初的兩年，是我小學階段的黑暗期。因此，課後打架，便成了我發洩心中不滿的表達方式。當然，來自學校老師和父母的處罰，也就更加頻繁了。而我卻依然故我。

但有一件關於錢的處罰，則讓我深深不以為然。起因是我和鄰居阿友兄去大路尾的稻田放牛，在收割後的稻草堆中，他無意中撿到了十元，便告訴阿友兄。阿友兄長我十歲，已是大人，見聞廣博，所以他主張撿到錢，見者有份，要五五對分時，我並不反對。但一張十元，又該怎麼分呢？恰好有賣冰棒的小販走過，我就買了兩支冰棒，一支請阿友兄，一支自己吃，順便也將錢找開，分五元給阿友兄。雖然實際上只剩四塊多，卻覺得自己前所未有的富有，心理很充實。

但回到家裡，我將錢交給母親後，卻被痛打了一頓。挨打的原因，並非亂花錢或者沒有「拾金不昧」，而是認為沒有理由分五塊錢給對方，還請對方吃冰棒，簡直是太笨了，所以才打我。

　　我從不認為，這種處罰是對的。要嘛，就標準的「拾金不昧」；不然，就見者有份又何妨？人生是需要友情的，有些時候，不必斤斤計較。

# 一九五五年

　　這一年暑假過後，班導師就換成了李秋菊老師，她個子嬌小，教學很認真，是位好老師。我的數學才華，在李老師的調教之下，也漸漸顯露出來。更重要的是，她能體諒我的個人狀況。她家住在三角公園邊的一家雜貨店，認識我的父母，可能因為這樣，她對於家裡已開始一片混亂的我，多了一份同情和諒解吧！不論如何，對我來說，其實有很多大人的事，不是我能掌握的，例如父親常在外頭喝醉酒，被人抬回來，母親對著酒醉的父親痛罵等等之類。而每學期遲繳學費的事，過去常被責罵，縱使感到難過，但家裡一直沒給錢，我也無可奈何。李老師雖然還是會催繳，態度卻溫柔可親多了。因此，我的內心充滿了無限的感激。

　　不過，我在這一年的秋末，還碰到一件不幸的事——因為天氣冷，將手插在褲袋裡走路，不小心被曬穀場上的畚箕絆倒，將左手臂跌脫臼了。手臂脫臼，有經驗的醫生應該可以很快就接回去，卻因為只找了鄉下的接骨師潦草處理，結果手臂的脫臼並沒完全接回去，雖然整隻手臂仍可伸直或彎曲，但白骨向旁凸出一塊，既不美觀，也容易酸痛，真是後患無窮（現在穿短袖時，即可清楚地看到凸出來的部分）。

在宗教信仰方面，因為路上有一間天主教堂，我每天上下學都會經過，又常看到鄰居到教堂去領麵粉、牛油和玉米粉，和同學也進去過幾次，聽聽聖歌，唱唱：「耶穌、聖母、瑪利亞！」不過，我終究沒有受洗，變為真正的教徒。在我看來，還是拜觀音比較心安，更何況，每天早晚負責為大廳的神明上香，多年來已成為習慣，是不可能說改就改的。

# 一九五六年

父親開始出售手上的農地，本年的春季，似乎比往年寒冷。這些農地，從家門前向西延伸，直達大溪河岸高地，是距離近、水源足、土地肥沃的良田。同時，在自有的稻田中，還開闢有兩個靠公路邊的大池塘，池塘中養有草魚和鰱魚，每逢過年前，排乾池水捕魚，在泥濘中撲捉魚兒的無窮樂趣，似乎也將成為過去了。除此之外，由於父親花錢、酗酒，更勝往昔，母親為了阻止父親的這種行為，彼此爭吵得更加厲害。面對大家的激烈爭吵，家中的小孩都各自設法閃躲，以免被遷怒而挨竹條的痛打。家中沒有溫暖，因此往鄰居家中串門子，便成了排解心頭苦悶的良方了。

我雖然經常到別人家裡，和對方搞得很熟，但也得勤快些，像是幫忙照顧小孩、撿劈好的木柴、澆菜園裡的蔬菜等，否則人家吃糖果時，是不會分給你的，即便勉強分你一點，那

掛在臉上的不情願表情，就如一陣寒風吹入內心深處，令你食不知味。

幸好，當時的鄰家廖玉樹老夫婦，對我很友善，加上廖老伯的孫兒和我年齡相近，因此進出廖老伯家，就像進出自己家一樣。廖老伯是村中老一輩裡的飽學之士，床頭上放有六冊本的線裝《三國演義》。我因為常從長輩口中聽到桃園三結義的故事，決心自己把書從頭到尾讀一遍。雖然當中有很多詩詞和典故，不容易理解，但努力讀下去，並勤查字典後，書中故事的內容，十之七、八皆可理解。

由於此時正是我記憶力最佳的時期，加上親自從書中讀得，立刻一躍成為村中的「三國演義專家」。過去村裡的長輩，靠著聽廣播或看歌仔戲，才能較完整地知道《三國演義》的部分內容，像「孔明借東風」、「關雲長過五關斬六將」等，其他細節則不甚了了。如今在我面前，他們的「權威」都崩潰了，再也不是我的對手。

對初嘗「知識權威」滋味的我來說，一方面不禁有得意之感，一方面則不怕再被刁難，要聽故事，就得先替對方抓腳癢——廖大吉老叔公，最喜歡如此命令小孩——換句話說，我已經自由了。

但也因此，我成了阿古、老叔公的眼中釘，常在背後批評我。當年，村中的老人對我的態度，是分為友善和敵對兩派的！

不過無論如何，在知識的成長上，我跨越了一大步，同時也養成了日後喜讀課外書籍的習慣。可以說，這對我日後賴以成名的自學經驗，有著極其重要的啟發作用。

由於遭到村中某些老人的抵制，有些平素一起遊玩的伙伴，為了貪圖對方的糖果，不再和我往來。我因為無法買糖果請伙伴，自然氣勢上弱了不少。於是，我又設法使自己成為村裡首屈一指的爬樹高手。為什麼要如此精於爬樹呢？其實是便於採樹上的野果（包括鄰居種的水果），像茄苳、青橄欖、牛屎芋等，可以大把地採下來，用鹽醃漬後，分給大家食用，否則誰願意和你玩呢？

但這些，都不及父母離異那般嚴重。最初，在出賣田產時，說是算命的說父親這幾年將有大難，恐怕活不久，所以母親雖然不滿，也只好隨他。

可是，賣了田、有了錢後，父親完全不受節制和勸告，到處亂花錢。其他的近親好友，居然此時也趁機佔便宜，令我非常憤慨！

父母親終於決定離婚。辦了離婚手續後，父親更變本加厲地販售剩餘的大批田產，在街上和酒女同居，並開了好幾間一直在虧損的店（出售焦煤和經營撞球間）。母親則藉著離婚，分得了幾分屋後的水田和房屋，但所有的小孩都歸她撫養。

從此以後，唱著怨婦悲歌和對子女痛罵丈夫的種種不是，就成了家中的生活基調。

我從小就會唱很多台語老歌，其實是聽母親哼著，而在不知不覺中學會的。同時，在我幼小的心靈中，也被灌滿了對父親的怨懟和仇恨。也因此，激起了我對母親的無限同情和對家庭高度的責任心，準備隨時犧牲自己來照顧家人。

父母離婚後，家境更是走下坡。左鄰右舍，閒言閒語也多了起來。我每天在學校裡，也常被同學嘲笑。為了挽回自尊，我決心在功課上遠遠超過他們。於是我發憤苦讀，每天早晨五點多左右就起來朗誦課文，日復一日，習以為常。在學校考試，幾乎每次每科都滿分，成了師長和同學眼中的「天才」。我在功課上的傑出表現，直到多年後，猶被師長和同學清晰記憶著。

但這些並無法彌補我心中深沉的失落感。父親的浪蕩，成了鎮上人盡皆知的笑談，每遇有人談論，我的內心猶如刀割一般痛苦，像是頭上戴著一頂不名譽的帽子，卻永遠取不下來，永遠要面對嘲笑的眼光一般。


# 一九五八年

因為逃學，我的算術成績開始退步——因為應用問題，沒上課不容易弄懂。其他科目則靠自修，依然名列前茅。但為了要升學（考初中），必須編入升學班、繳補習費，這對我來說卻是一大難題。

家中的經濟已經非常窘困，如何付得出錢來？母親為了節省開支，決定帶著衍輝（第四個男孩，一九五一年生）和淑媛（第二個女孩，一九五三年生），到桃園去替表舅煮飯。我則被寄養在下崁的大伯家（父親生父方面的長兄），同時繼續在學校補習課業。

在大伯家，是我生命的另一個低潮。大伯的家況並不好，人口又多，因此一切極端簡省，連晚上點煤油燈念書都不行。但要應付學校功課怎麼辦？只好開始動腦筋，藉著替鄰居游姓小孩補習功課的機會，解決沒燈光讀書的問題。

我沒有料到，日後這個由我輔導功課的學生（我記得他叫游明輝），會順利考取政治大學，並一直感念我當年的啟迪之功。這大概是無心插柳柳成蔭吧？人生的機遇，有時實在很難說。

# 一九五七年

我的大哥、二哥都出外去學手藝了。大哥學開卡車，二哥則先到台北當店員和旅館服務生，後來因為父親老是登門要錢，也改行學修車，當起學徒來。

我成了家中的老大。母親出外去做小工，我則要負責所有的家事，也因此精通了一切家務，包括過年蒸年糕，平時煮飯、洗衣、撿柴火在內。

同時，為了補貼家用和為家中增加營養，我練成了溝釣的第一流技巧，即使是水溝、田邊再難釣的魚，也從不落空。家中的水缸，經常裝滿了我釣回的魚。我日後在《聯合副刊》發表的〈鮎呆生涯〉，就是童年這段經驗的回憶。

儘管如此，母親始終不滿意我的表現，挨打仍舊是家常便飯。因此，使我覺得人生很黯淡。逃課釣魚、跟同學打架，成

了發洩不滿的方式。在校內，我更加孤獨和不合群了。我開始幻想：或許有一天，我可以逃離這一切。

貧窮往往使親人變得無情、冷漠。有一次學校要遠足，帶便當沒有蛋，我拜託鄰近另一江姓親戚先替我煎，我再向母親拿錢償還蛋錢。但對方以我寄居大伯家，會得罪人而婉拒了。這一拒絕煎蛋的絕情對待，令我終身難以釋懷。

反之，同學謝珍娥，看到我的便當裡只裝白飯，曾請我吃一節甘蔗，她此種雪中送炭之情，令我始終銘感五內。

總之，生活的現實面，有情與無情，都逐漸一一展現在我的眼前。

以上就是我從幼年到青少年時期，所能記憶的主要細節，至於其他方面的回憶，將在其他篇中描述。

# *2.* 我的自學歷程：

## 從喜歡歷史到研究東亞宗教史

### 早期來自大溪國小的歷史啟蒙

我生平從未夢想過，我有一天會進台大讀歷史研究所，更不要說能夠以撰寫台灣近代佛教史的長篇論文，獲得台大歷史所的文學博士了。

我初、高中的學業都靠自修完成，並先後通過同等學力的考試而取得及格證書。所以，除了大學之後的正式學歷，我唯一曾讀畢業過的學校，就是桃園縣大溪國民小學。

有一次，當我翻開有關大溪國小的百年紀念集時，發現其中共列有日後曾獲博士學位的十位校友，而我是百年來唯一的台大文學博士。

不過，我曾就讀過的大溪國小的教學環境，的確是我日後萌生研究歷史專業的最初啟蒙處，但如今我已忘記是在哪間教室了。我只清楚地記著那間教室的後牆上，高掛著一長幅的中國歷代彩色年表，從我第一眼看見它的那一刻起，就完全被吸引住了。我立刻將其背熟，並牢牢地記住它，之後它便伴隨我過了大半生。

　　當時，我也藉著這個歷史分期的時間架構，開始進行必要的內容填補和展開相關流變的思考。所以，在國小的三年級時，我已經能靠勤查字典和再三苦讀，看完從鄰人借來的老舊、微破的五分冊版《三國演義》的全部內容。

　　之後，幾乎在一夕間，我發現自己，居然成了村里唯一讀過全本《三國演義》內容的新一代權威。

　　我親眼看到昔日不可一世的鄰居，竟因為我能博聞強記《三國演義》的全部細節，並能適時地引書為據，質疑他「所言與書不合」，脆弱地徹底崩潰，同時我也意識到，自己不再是過去那個經常被歧視、毫無自尊的無知幼童了。

　　自從有了這種自覺後，我便開始養成自動早起朗讀課文的習慣，記憶力也跟著日日規律的磨練迅速增強了，於是在同年級中，所謂「天才」的讚譽之聲，不久對我就成為理所當然了。

　　自從有了這種自覺之後，我便開始養成自動早起朗讀課文的習慣，記憶力也跟著日日規律的磨練迅速增強了，於是在同年級中，所謂課業優異的「天才」讚譽之聲，不久對我就成為理所當然了。

## 初一學業中輟與長期自學的開始

　　國小畢業後，我選擇升學，並有強烈自信，能考入好學校。但因為家境清寒，雖仍如預期，以第五名的優異成績考進大溪初中，並獲母校大溪國小頒發一枝「留美黃振榮博士

紀念鋼筆」以為獎勵，初中才讀一年級，就被迫輟學了。又由於學歷低和未成年的關係，到社會上只能從事勞力或跑腿的基層工作。

此後，在社會上，為糊口謀生，奔波了十八年之久，自水泥工、雜貨店送貨員、照相館學徒、機關工友，到外國公司的中級技術員，所走過的每一步，都是崎嶇、坎坷的。

雖然在這樣絕望的情況下，我仍然不斷地閱讀自己喜好的書籍。我曾讀過曾國藩編的《經史百家雜抄》或像《史記菁華錄》、《文心雕龍》之類的中國古典名著。我在台北市早期的牯嶺街，從舊書店的廉價古書堆中發現它們，立刻掏錢買下；但在閱讀時，只選自己能讀懂的，其餘就暫時擱下。

我不曾想過要請教別人（當時周遭也不可能有可以請教的人），但我認為別人能讀懂，一定是有方法可循，不然這些書不就成了無人能懂的天書？所以面對這些千百年來，無數古人已讀過的古典名著，雖然短時間內，可能還無法全懂或深入，但我一點也不擔心，深信只要時間足夠，一定可找到破解書中奧義的有效途徑。於是必要的治學方法書和實用的大型工具書，視需要立即添購，也隨之成了恆常的購書習慣。且此癖好形成之後，雖歷數十年，仍一如往昔。

我也花錢買了大量翻譯的西洋歷史名著、長短篇小說集和哲學書籍，藉以進修史學和文學方面的素養。法國小說家羅曼羅蘭和舊俄小說家托爾斯泰是我最喜愛的作家，而希臘悲劇的感人劇情和《柏拉圖對話錄》中對蘇格拉底的生動描述及其臨

死泰然自若的莊嚴風範,都深深影響了我日後的治學思考和行事風格。

我報名了文壇前輩穆中南先生辦的「寫作函授班」,讀了相關函授的文學資料三個月後,自覺文學的寫作技巧已略有增進,於是就開始在每期的《文壇》月刊上,發表大量關於世界文學的評論和短篇散文創作。

但半年之後,發現原以為很豐富、甚至可以取之不盡的腦中材料,在每月的大量寫作和發表之下,居然很快就耗光了。

當首次出現知識方面的不足感之後,對西洋文學的專業素養不夠的警訊,立刻接踵而來,令我為之震驚、心虛!當下我便在心裡告訴自己:「我還沒準備好,我還要有更多的準備,我還需要更長期的淬煉!」

於是我不顧穆中南先生的一再勸阻,自動終止了第一階段的文壇筆耕生涯,再度進入先前已有經驗的、自行大量閱讀的日常作息。

此後,由於生活中,除了工作之外,其餘時間都用來讀書,因此常覺與古人為友,非常容易知心,也不如現實生活中,常遭外界投射鄙夷、歧視的眼光。反之,每當讀到書中有精妙見地時,心領神會之際,宛如與千古知音,靈犀互通,再無生死之隔、時空之遙。

因此,讀書就是我長期孤寂生活中的最大安慰和最大樂趣。

日後(一九九二年),我還曾把此時的一部分個人作品集結成書,取名《世界心靈的探索》,封面上的副標題則是

「無悔齋青春讀書錄」，交由當時吳武夫先生新創的東宗出版社刊行。

不過，很意外地，有一次，吳武夫先生突然對我說：「你雖然很會讀書，長於思辨，但你還未領略過擁抱真正美女的無比銷魂，也未嚐過高級美酒的難忘滋味！」我當時則回以：「這兩者都不是我人生中所要追求的最高目標！所以，我對煙酒一概不沾。」這樣堅定的答覆。

## 胡適的死亡和李敖的崛起旋風

一九六二年，胡適在台北逝世，而以李敖、葉青、鄭學稼、胡秋原、徐復觀等人為中心的「中西文化論戰」，則由於牽涉毀謗訴訟，被台灣報紙大量報導，使我這一個從鄉下到台北辛苦謀生的失學者，一個原本根本不識「中西文化論戰」為何物的無知青年，透過每天努力閱讀新聞和不斷地找人詢問，居然被此一問題意識所激發，心靈中一扇通往「五四」文化之門，便為之開啟。

一九六六年至六九年間，我在軍中服役，於台中水湳基地遇到王俊嶺少校，他後來於一九七〇年在台南市忠義路的湛然寺出家，法號水月。透過他的介紹，我開始閱讀梁漱溟、熊十力、湯用彤、歐陽竟無等人的著作。這段期間所吸收到的資訊，深刻地影響了我日後以中國近代佛教史為核心的研究取向。

# 參與東方宗教討論會

戰後台灣地區有關各種宗教研究的活動和組織，曾真正促使年輕的宗教學者，在新模式討論會的實驗中，產生革命性變革的，據我所知，應是一九八三年成立、名為「東方宗教討論會」。這是解嚴之前，由當時台灣學界一群對宗教研究有興趣的年輕教師和研究生，所發起的非正式組織。

此一組織成立後，為了避免遭到外界的不必要干預，且能長期維持宗教學術討論的中立性，始終未向政府正式立案，即使到解嚴之後被另一新成立的「台灣宗教學會」合併時，依然如此。

我是在台灣師範大學歷史系夜間部就讀時，透過當時在系上擔任助教的顏尚文先生牽線，才正式加入這個組織的。

為什麼當時會有「東方宗教討論會」這個組織的出現呢？

這是由於當時台灣各大院校的老師及研究生，在研究台灣地區的各種宗教時，往往會發現各學校或研究機構，不但有關宗教研究的參考書籍非常不足，個別學者之間，也缺乏對不同宗教有高度認識的同道來請益或相互切磋；當時正是台灣社會在政治及其他方面激起各種變革運動的震撼時期，因而彼此都感到如果要在有關台灣各種宗教的研究上有所突破，一定要結合現有的人力資源，不分宗教類別和研究專長，但一定要有一個常態性的、長期的，並且是全然開放、多角度切磋的討論活動，才能使大家真正受益。因此，一個名為「東方宗教討論會」的宗教學術組織，就這樣成立了。

「東方宗教討論會」成立後的十幾年，其活動方式通常都是在每月的第三個星期六下午舉行（此活動稱之為「月會」），大約進行三個小時，擔任發表者每人事先要印發新論文給參與者，讓大家事先閱讀和查資料，並邀請相關專家擔任講評，然後再進行開放但認真的學術辯論。除此之外，每年還有一次「年會」，進行一天或兩天的多篇論文討論。最後，還將該年度已討論過的優秀論文，加以選刊出版，學報的名稱叫《東方宗教研究》，前後發行多期，是國內外享有極高學術聲譽的刊物。

有關「東方宗教討論會」成立後的影響，當然還有許多方面可以提及。但此處只提一個事實發展，即「東方宗教討論會」最初成立的時候，雖可能只是作為一個研究宗教的「同仁團體」來運作，然而，由於當時在「東方宗教討論會」每月的「月會」進行討論時，其特色正如上面所提到的，每次都要結實地切磋三個小時才肯罷休，且都只討論一個主題；而且當時擔任報告的每一位作者，毫無例外，一定要事先交出完整的論文給大家閱讀，所以當時每次應邀擔任講評或實際參與討論的眾會員，基本上都事先已讀過主講者的相關研究資料。

換言之，當時在講評者與作者之間，彼此對所要討論的問題都不陌生，並有能力進行深度的學術對話。所以，當時在每月進行的討論會上，不論報告者是否是教授或系主任，都無關緊要，大家當時唯一重視的是，報告者所提出的新研究論文，是否能在學術邏輯上嚴謹地成立？或其所使用的資料仍帶有瑕疵？以及此一新研究是否真有其宗教學術上的貢獻等。

　　當時大家的共識是，每位與會的論文報告者，都必須接受來自各方的檢驗，且唯有經由這樣的來自各種不同的角度的質疑或對話，才能進入所謂嚴格東方宗教學研究的學術殿堂，最後也才能判明此一報告者的此次研究，是否真正具有學術價值。而事實也的確證明，凡能通過如此嚴厲的學術磨練，不論對剛出道者或老練的東方宗教研究者，在研究經驗的累積和相關學術認知、辨識能力的增長，都是很必要、很有助益的。

　　所以當代台灣現存且活躍在第一線的重量級宗教學者，幾乎都有一段當年參與「東方宗教討論會」的歷練和難忘的震撼經驗！

　　至於我個人，生平有關宗教史和近現佛教思想史的重要研究，也都是從上述的定期的月會或年會的熱烈且認真的多元宗教學術交流中，才得以迅速地累積相關知識和高速大幅度的增進研究實務的各種經驗。

　　特別是在討論會後的會員們聚餐時，圍坐在餐桌邊和大家開放而無拘束的自由交談結果，其實際的收穫，可以說遠比任何課堂上所聽到的講課內容，更快能洞悉當代台灣本土各宗教的發展生態，以及如何在研究宗教的珍貴文獻時，順利獲取有用的資訊等。

　　我就是因為參與這樣的討論活動和會後聚餐，才有幸認識了多位當今的重要學者，如藍吉富先生、王見川先生和黃有興先生等，並因此和彼等成為多年來長期互相論學的師友同道。

　　而我最初的幾篇原創性作品，也藉著參與月會、年會的討論並相繼發表於《東方宗教研究》的各期上，很快就受到兩岸宗教史學界研究者的密切注意和高度肯定。

　　可以說，我日後能夠作為一位專業的宗教史研究學者、能夠擁有獨立研究的足夠能力，都是奠基於此時的難得經驗。

## 台大歷史所的精進歲月和正式從事宗教史研究

　　我進入台大歷史研究所時，按應考時的分組規定：即報考「一般史組」的錄取者，其研究年代的下限，必須在清代鴉片戰爭之前，不得撰寫中國近現代史的學位論文。所以考取之後，我馬上前往請教當時以荷西、明清時期台灣史聞名的曹永和教授，想聽取他對我未來走向的學術建議。

　　對此很有經驗的曹永和教授，在和我作了一次深度懇談後，即根據我的個人經驗、現有的國際學界研究環境、我的既有學術專長，以及他年輕時的一段想作而迄今未作的治學之夢──受方豪教授影響，想研究明清之際的東亞佛教交流史，甚至還想出家──等綜合評估後，當場建議我在台大就讀期間，可以從明清之際的東亞佛教交流史作為切入點。

　　我認為，如此一來，可使我原先的最強項──即對佛教史具有透視力和豐富解讀經驗，因此而整個移植到此一階段的研究和寫作來。

　　當時我聽了之後，經過仔細思考，決定接受此一建議，並迅速展開以自修古典日本語文，來代替學習古荷蘭語的補強工

具計劃，同時，也盡其所能地展開對國際學界既有研究成果的蒐集和資料的閱讀。

而後，在兩位著名學者——台灣的張聖嚴博士和日本九州大學的荒木見悟教授的精闢著作中，領受到治此一領域佛教思想史的要訣和相關知識。兩者中，尤以荒木見悟教授對我的思考衝擊最大，並長期影響迄今。

但上述兩者，都不擅長有關明清社會經濟史的知識，而我進入台大歷史研究所之後，立即發現：當時最強的教學陣容，就是徐泓教授和劉翠溶教授所教授的明清社會經濟史課程。所以，我將明清社會經濟史作為主力課程來專攻，並且收穫很大。於是，很自然地，我還想將其運用到明清之際佛教交流史的研究上。

然而，欲將明清之際佛教交流史與明清社會經濟史課程相結合，其實相當困難，在當時，也乏合適的指導師資。所以，只好將治學目標，逐漸設法轉為明清之際大陸區佛教社會與明清社會經濟史的結合。

但在台灣從事明代東亞佛教交流史，如無長期的努力，和一些外在的助緣，要想突破，而有高水準的表現，是相當困難的。所以，此處我必須特別提到曾教過我「研究實習」課的孫同勛教授。

孫教授是當時中央研究院美國研究所的所長，是當時教研究歷史方法學方面的權威。由於我在上課時，一而再，再而三地發問，使他對我有極為深刻的印象。因而期末繳交報告時，

非常用心地批改我的論文，將原本一萬五千字的文章，改到三萬字之多。由於他對我詳盡的指正，使我豁然開竅，知道什麼是標準論文，這對於我的寫作有極大的助益。從此以後，我在論文及著述的分量上有極快速的成長。

因而，我在一九八九年十一月，便出版了生平的第一本著作《人間淨土的追尋──中國近世佛教思想研究》。自問世以後，此書即相當受到好評。

以後，每年我都有新書出版，而我個人研究經驗的累積，也逐漸在這些著作中反映出來。

## 建立私人的專業宗教史研究資料庫

我從台大歷史所的碩二開始，每年都撰寫大量的宗教史論文和相關書評，並在完成碩士學位之前，已相繼出版了兩本關於近代中國佛教思想研究的重要論文集。因此，同樣研究明末中國佛教史的聖嚴博士，私下曾向國內著名的新文豐出版公司負責人高本釗募來半套（共五十本）新文豐所出版的《新修大正藏》中國撰述部，作為對我這位後進治學小成的貴重獎勵。

之後，也有愛護我的善心人士，循此慣例，贈送多套大藏經給我，使我從此不需為缺乏某些藏經，到處搬借或影印，以致勞累不堪。

其中特別值得一提的，是國內佛教史學界前輩藍吉富先生。藍先生自己出版、翻印的各種佛教著述或史料的大套書，

除極少數外，幾乎都是以半買半贈送般的超低價格，先行托運到我的竹北住家，而我總是等接到書後再視經濟狀況，分次寄還所欠的全部書款。我曾好奇地試著問過藍先生：為何他會對我如此抬愛？而藍先生則仍維持他一貫的幽默說：「那些書在台灣，別人都是買來擺著好看的，只有你會真正讀完它並研究它，我不賣給你，要請誰來讀？」

　　為了消化由藍先生處以超低價取得的大量佛教史料，我便自行從日本東京神保町千代田區的古書店，用船運訂購了大批昂貴但重要的相關工具書或研究叢書，以便自己能夠建立起私用的小型宗教史研究珍藏資料庫。這樣一來，日後便可不怕任何國內圖書館對我下禁借宗教圖書的封鎖令。我當時主要考量的是，如此才能擁有獨立自主的研究資料來源，不然就得放棄研究宗教史的素志或轉行從事非自願性的無奈研究了。

　　於是，經過長期的蒐集和採購，我終於擁有整整排滿三層樓牆壁的大量專業叢書，足夠作各種宗教史研究之所需。接下來，就是從東亞宗教史的研究視野，來探索各種可能的宗教史研究課題。

## 與新文豐公司高本釗先生的一段奇妙的學術邂逅

　　邂逅新文豐的高本釗先生，不論對我或高先生而言，都說得上是人生中最大的驚奇之一，且是在一種很奇妙的因緣下形成的。

因為高先生是長期在台北市開設大型佛教書籍出版公司的負責人，常接觸國內外著名的佛教學者，許多上下游的出版同業、書店經銷商，甚至連整個佛教界的有名法師和居士大德，他也認識了不少。

但二十幾年前，他首次邂逅我之前，我仍是一個年紀稍大的台大歷史所的研究生，既非佛教名人，也可能不曾買過高先生出版的書籍。因此，縱使他在台北市的馬路上遇到了我，也不會知道我是誰。

像我這樣區區的無名小子，居然會讓大名鼎鼎的聖嚴大法師，想送我一件空前的厚禮——高先生在新文豐所出的一整套《大正藏》。這是怎麼回事？簡直令高先生傻眼。

另一方面，高先生與聖嚴法師，其實是很熟的，高先生也知道聖嚴法師是不亂花錢的；而且，在此之前，聖嚴法師只贈送南加大和私立東吳大學哲學系各一套《大正藏》而已，卻從無贈個人之舉。如今，為何他會有此異常之舉呢？

當然，聖嚴大法師之所以會告訴高先生，是因為他向高先生勸募來轉送給我。而高先生雖是真正要出錢且還得代人送書的大功德主，居然不知道所要贈書的對象是誰，可說有點令人啼笑皆非。

他當時唯一能知道的線索是，被指定贈書者，是一位叫「江燦騰」的台大歷史所的研究生。但在知道我的名字之後，不久於聖嚴法師所舉辦的一次國際佛學會議的場合上，當高先生在報到長桌處，看到我胸前掛著「江燦騰」的名牌，並正要

簽到時，立刻毫不考慮地拉住我的手，並再次確認地問我說：
「你真的是『江燦騰』本人？」我笑著回說：「是！」

然後，高先生告訴我，他叫「高本釗」，是新文豐的老
闆，正在找我。他接著又說，他要送一套聖嚴法師吩咐的《大
正藏》給我，看我一共要幾本？

我當時回答說：「《大正藏》後半部，關於日本佛教的部
分，可以不要。」

高先生則當場建議我，乾脆親自跟他到公司看看究竟；至
於當天學術會議，就不要再參加了。我同意了，一路上，兩人
就這樣談起來了。

到了公司後，高先生問我有無佛教史研究的存稿可出版？
我說：「剛出一本，但還有幾篇。」高先生立刻要我再集成另
一新本書，交新文豐出版。我照辦了。於是我的《中國現代佛
教思想論集（一）》，就正式出版了。

此後，他又邀請我擔任《新文豐佛教文化叢書》的主編，
雙方就此投緣和彼此信賴地交往至今。


## 在飛利浦竹北廠撰寫晚明佛教史的學位論文

一九八八年春，我奉調改任台灣飛利浦工業公司竹北廠的
服務部門的專職全面品管訓練員，以提昇服務部門的作業員和
技術人員的改善能力。並獲上級許可，於訓練課程之餘，特許在
辦公室內，撰寫我在台大歷史所的晚明佛教史研究的畢業論文。

這對長期苦於生活奔波和研究時間極端緊迫的個人來說，
的確是生平一段最大解放和最快樂的寫作時光。於是宛若內在

知識的火山爆發噴湧，毫不費力地，就可自然地向各主題揮灑和輕易駕馭，所以我當時在文中，往往充滿著流暢、青春和難以言喻的欣喜之情。

並且，在論文完成後，畢業口試答辯之前，即已聽到有口試委員對論文的高度肯定和讚美，彼等並一再表示，拙文給彼等的印象是：學術論文居然也可寫得如此流暢和優美。

而我當時，其實是結合現代品管的邏輯思維，加上好心情，才能撰成此文的，所以特別有意義和值得紀念！

其後此論文再以書的形式，在新文豐出版公司出版，不但已故的傅偉勳教授讀到後，一再盛讚此書的非凡成就（有一次他甚至有點半開玩笑的建議說：若我願意再去他任教的天普大學攻讀博士學位，他可以考慮讓我取得兩個博士學位），並且在國內外學界的評價也不錯。

例如我把書寄給聖嚴法師之後，有一天清早，在竹北家中，我意外地接到他親自打來的長途電話，告訴我說：「此書是寫到骨子裡了！但，此後可能也找不到可討論的對手了！……」我聽後很受感動，也銘記在心。聖嚴法師也視我為當代台灣佛教學者中最了解他的思想的學者之一（星雲法師也曾親口對我表示：我是比星雲還了解星雲的佛教學者）。

所以再考入台大博士班之後，我便轉移研究視角，對近代兩岸漢傳佛教反傳統的新思想傳播與變革狀況，進行深掘與建構，以作為當代台灣本土佛教發展的借鏡或導正之用。

## 博士班時罹患癌症和存活迄今的宗教史研究

　　然而，我在一九九七年初，正當已邁向研究的最高峰時，一趟深冬季節的北大學術交流之旅，不慣北國深冬嚴寒的我，因此患了罕見的重感冒，回程時已是昏昏沉沉地搭機返台，隨即經人介紹，到台北長庚醫院檢查後，證實我已罹患了難治的「多發性骨髓癌」。之所以會生病，我認為是過去二十年來身體過度操勞的結果。

　　台大校方得悉後，立刻接手，安排我轉診到台大醫院的腫瘤科，由名醫陳耀昌教授負責主治，使病情顯著改善，並能存活迄今。

　　而很多人在得知我得了癌症之後，都在猜我會不會「害怕死亡」？或有沒有「驚慌失措」？沒想到我是相當自在的，某些病友甚至把我當成佛教「不動明王」的再現，紛紛前來請教。可見佛教在這時候，對我有極大的受用，讓我可以更自在的面對生死問題。

　　但是在此同時，我又認為當代台灣本土的佛教學者，大都缺乏追求真相的勇氣，有的人且成為某些道場的附庸者；其實，學佛者本應該學習佛陀的理智，卻普遍過於盲從。

　　所以我才在臨畢業的最後一年，特地選擇以《殖民統治與宗教同化的困境——日據時期新佛教運動的轉型及其頓挫》，作為博士論文的主題，來探索近百年來台灣本土佛教發展的軌跡和歷史經驗，使人們得以了解相關問之所在，和其必須採取

的改進之道。在當年，我也因此獲頒「第二屆台灣省文獻傑出
工獻獎」。

連先前所獲頒的「第一屆台灣宗教學術金典獎」，我一
共得過兩次宗教史研究學術獎。至於由中研院史語所所頒發的
「傅斯年紀念獎學金」，我則一共得過八次，是迄今為止的空
前紀錄。於是國內著名天下文化出版社，特邀任職於《聯合
報》的曹銘宗先生，為我撰寫個人傳記《工人博士：江燦騰的
奮進人生》，於隔年出版，暢銷一時。

二〇〇六年秋冬之際，我在罹癌滿十週年之後，於北京的
中國社會科學院出版《新視野下的台灣近現代佛教史》、在廣
西師範大學出版社出版《晚明佛教改革史》共兩本佛教史研究
的專著，並應邀在大陸著名的《南方周末人物報》先後發表批
判當代大陸佛教畸形發展的病態和試圖提出解決之道的各項建
議，在大陸各地的網頁上紛紛相繼轉載全文，並激起高度的連
鎖回應。

所以對於當代兩岸漢藏佛教的現實社會關懷，將會是我有
生之年，一直致力探索的研究對象和主要關注的研究領域。

（2008.10.27.於北投區中和街宅）

# 3. 生死關頭如何逆轉勝：

## 我在人生黑暗的谷底緊握知識和理性之光

我罹患可怕難治的「多發性骨髓癌」迄今（二〇〇八），已快十二年了。

自從我生此病後，原先預估的最長時間，是我還能活二年八個月，是主治醫生當時親口告訴我的。之後，沒有料到，我居然還能活這麼久，讓大家都深感意外。

有一次，甚至我的主治醫生，在我回診時，還對我說如下的一段話：

> 「……很奇怪耶？現在健保給付的癌症標靶藥，都是很貴的，可是，不一定都有效。因為和你打同樣標靶藥的癌症患者，幾乎都死光了。就只剩你的療效最好，最顯著。……」

這種話，初聽起來，雖令人有點暗喜；再一回想，卻覺毛骨悚然。因生死的判定，仍懸於巨大的不確定性，卻又讓人無法不去面對即將到來的未知。

可是當時，我仍只淡淡的回說：

> 「我所以能活得久，原因有二，第一是醫生高明，會對症下藥。第二是，病人具有高度理性思維和鋼鐵般的意

　　志，所以一直能從病人的必要立場，嚴奉所須遵循的現
　　代醫療倫理的各項要求，來充分和醫生配合。
　　我相信，像這樣的患者，通常都可獲得可能的最佳療
　　效。所以，這當中，我相信，應該完全沒有投機和僥倖
　　的成分。」

另一個例子是，我的糖尿病主治醫生，近來在看完檢驗報告之
後，問我說：「台大的病人，很少有你這樣鋼鐵意志的病人。
你是如何辦到的？為何能控制得如此之佳？」

　　我的回答是：「我很能認同要活命就必須嚴格遵守醫療倫
理這句話。所以我沒有其他花招，我只是聽醫生的指示，盡一
個病人該作的本分之事而已。」

　　我再用其他日常生活中，所遇到的一些例子，來與各位分
享我個人的經驗。

　　現代大家都知道，當代台灣的佛教界，有所謂「人間佛
教」的想法和做法，就像在花蓮由證嚴尼師所領導的慈濟功
德會就含有文化、慈善、教育、醫療等志業，單是曾參與捐款
的會員人數，就達到四百萬人之多，所以我們今天的台灣佛
教信仰，已可說是台灣佛教三百多年的歷史上，最為興盛的
時期。

　　可是我們這些，生活在台灣地區的現代人，在面對現代的
環境和生活時，往往還是會造成一些心理上的重大壓力，或常
有遇到生活問題，而不知該如何解決的情況。

以我自己的經驗為例，有一次，我應邀至北投的中華佛學所演講，可是下車後，雖已找到地址所在的東初大樓，卻找不到佛學研究所的入口。

當時，我從路旁的一樓問到七樓，竟然沒有人敢將門打開。由此可見，現代的都市人，對陌生人不信任，甚至於，連隔壁的鄰居，都可能不認識。

相形之下，在鄉村，誰是誰家的小孩大家都認識，只要有陌生人出現大家都知道，當然若是小偷，也無所遁形。所以，城鄉的差異和人際關係的親疏，可以說就是我學習成長和適應現實環境變化的第一步。我要如何去面對呢？

我是來自鄉下的窮苦孩子，卻非是住鄉下的緣故。因為住鄉下也有很富有的人家，就像我家早期的情況。我所以是鄉下的窮苦孩子，其實是因為我父親很放蕩結果。

因為我們江家原本是地主，父母很早就結婚，生了五個兒子和三個女兒，我排行第三。我父親很英俊，很有女人緣。但是，在他三十二歲那一年去算命，算命先生說他活不過三十五歲。他回家後，就跟我母親說，他過兩年就要死了，所以他要享受人生，當時我只有六歲左右。

結果他在那兩年當中，把所有的田產都變賣一空，一開始是在街上包養女人，接著又要開店當老板，最後一筆田產，則是賣掉去幫別人競選，結果那個人也沒選上，而我們家也從此變得一無所有。

　　在我的記憶中，這段日子，我在學校常常跟同學吵架，因為同學常常會說他看到我父親跟女人在一起，或是說看到我父親在街頭爛醉如泥。基於愛護自己父親的心情，我聽了以後就會跟他們吵架。

　　而放學回到家中，我必須幫弟弟妹妹煮飯、洗衣服。因為我母親擔心我父親，常常跟在我父親身後怕他忽然死亡，根本就無心照顧家裡。

　　我在這段日子，過得非常痛苦，唯一的安慰就是每天早晚，跟觀音媽上香的時間，可以將我的痛苦說，給觀音媽聽。

　　我父親自從把財產揮霍完了以後，他也覺得很慚愧，就到台北土城挖煤礦，賺錢貼補家用。剛開始，他還有寄錢回來，但後來，就沒有再寄回來，我母親在他很久沒有寄錢回來後，就讓我去土城找他。

　　我到土城就看到他在賭博，而且又跟別的女人在一起了。

　　我回家後，告訴母親這種情況，我母親聽了以後，就說：「從今以後，就當作你父親死了。」

　　因家中兄弟姊妹很多，生活很困難，我母親就到桃園，幫我舅舅煮飯賺取家用。母親把弟弟妹妹帶到桃園，只有我自己一個人，被寄居在親戚家，留在大溪。

　　當時台灣社會迷信的氣氛很濃厚，我記得當時，只要經過或看到人家辦喪事，就會非常驚惶懼怕。

我當時被寄居在大伯家，他是我父親生父的親大哥，但因為我父親從小就被收養，所以跟大伯不親近，他也不會主動照顧我。

我自己一個人，被留在大溪老家，心裡充滿了說不出的孤單與無助。所以，我就常到大溪的觀音亭去拜拜。

我大伯家住在非常偏僻的溪邊，連電都沒有。每天放學後，我都要經過一段荒涼黑暗的小路。每次走在路上，我的心裡都是非常的恐怖。

這樣的惡夢一直延續到我二十九歲。因此，我在二十九歲前的體重，都不超過五十公斤，可見得那種心理上的折磨，實在是人生的最大痛苦。

我到十四歲時，家裡無法再供給我念書，我就此離開學校，到台北作小工、泥水工。我到了大都市很不能適應，怕鬼也怕人，晚上害怕的時候就蒙在棉被裡哭泣，有一次還被老鼠嚇一大跳。

所以，我一直覺得做人很痛苦，有時還會想，乾脆死了算了，曾經想到要跳水自殺，但看到潭水太深太黑，水又翻滾不已，心底一陣害怕，不敢往下跳。

當時我的人生中，唯一的溫暖，就是鄰居一對姓廖的夫妻對我很好，常常會拿吃的東西給我，我也會去幫忙他們的菜園澆水。

當時，我就想，未來如果我有成就的話，我一定要報答他們夫妻。

我之所以會說明我從小的經歷背景，是因為我個人學佛的因緣，是與我個人的心理突破有關。

十六歲時，我父親忽然回到大溪。因為他在淡水事業做得不錯，又新開了一家店。所以，他特意回鄉炫耀一下。

我當時就要求他，帶我去淡水，他說他在淡水已經另外有家庭，所以無法養我，我說沒關係。

我跟父親到淡水後，就到雜貨店當店員。

後來因為父親破產，又離開到淡水到台北，當泥水匠的學徒。

最後才在我第五阿姨的介紹下，進入公路局養路處當工友，一直到我去當兵為止。

我在公路局時，對工作很認本份，也很認真幫別人跑腿，想多賺一點錢，給家裡用。

可是，有一次，副局長的太太往生，我到台北殯儀館幫忙。無意中，在靈堂布幔後看到棺內死人的黃中帶青大臉孔，當時，我被嚇了一大跳。頓時，覺得天昏地暗。回家後，整整吐了三天，仍無法上班。

我當兵時，遇到現在台南湛然寺的住持水月法師，他當時也在軍中，但已經準備出家。他認為我的頭腦很清楚，鼓勵我說，要多讀哲學的東西，未來會有光明的前途，千萬不要自暴自棄。

我就問他：「是怎麼看出來的？」他說他觀察我的生活經驗、人生的過程，認為我是吃過很多苦頭的，知道要愛惜生命，也會慢慢對人生，會有比較正確的認識。

我本來想進一步與他深談，但他是一個很孤僻的人；我想跟他借書，他要我自己去買。他還引用一位清儒葉德輝的「四不」名言說：「鴉片不吃。虧不吃。老婆不借。書不借。」來表示立場。

我當時聽了之後，立刻意會到，要學會佛法，有時候是要自己去摸索的，不能專靠別人幫忙。我也相信，他當時這樣說，不是拒人於千里之外，可能是另有用意。

我退役後，到新竹飛利浦公司竹北廠上班，從民國六十年，作到八十年，剛好滿二十年退休。

我在這二十年中，從未離開公司，可是我在這二十年中，完成國中、高中的學力檢測，考上師範大學，又考上台灣大學的歷史碩士班、博士班。在這段時間中與佛法的因緣很深。而這又涉及到我過早的特殊人生歷練問題。

人生的問題，尤其是生死的問題，一般人可能會覺得很遙遠。

但是對我而言，生死的問題從小就一直是我心理上的陰影。

我父親有一段時間，搬了一些神像和佛經回家。那些佛經放在家裡，我就多少看一些，像《金剛經》，當時似懂非懂，但是這就已經埋下一個種子了。

在我二十九歲時，出現了我人生最大的突破，當年從小很照顧我的廖姓老夫妻先後過世。

有一天，廖姓老夫婦的兒子，打電話給我，說他的母親過世了；臨命終時，希望我回去拈香。

我去到他家時，大廳中都沒有人，只有一具棺木。我拈香後，就坐在棺木旁邊。本來，我對死人是很害怕的。

但是，我從八點坐到九點，一直在思考一個問題，人生最後的點，被切斷後是什麼？

最後，我悟到生和死，只是一個轉折而已。

當時，我就好像進入了三昧之中，而體認到我與死去的人，並沒有差別。

從此以後，我便徹底割斷世間的溫暖，就像自己死掉了一樣，以後的歲月，就像一個新的生活的開始。

所以，我當下體認到我們心裡的念頭，其實就是我們惡夢的來源。當自己把自己當作死了的一剎那，死亡就不會成為我們的負擔。

我也才能了解《金剛經》裡面說的為什麼要無所得，才能進入般若的智慧，並了解到心，是一切妄想的來源，要解脫就要從心下手。這就是我個人的經驗。


接著談一些世間禁忌的問題。

通常一般人辦喪事，都會有生肖沖煞的禁忌。我在竹北上班時，常常在一家自助餐吃飯，有一天自助餐的老板忽然過世，只剩下一個養女，他養女就希望我能幫忙。

　　當時我還考慮到禁忌的問題而猶豫不決，後來我看到葬儀社的人在她家工作，我就問葬儀社的人，如果他們碰到對沖要怎麼辦？

　　結果葬儀社的人說，吃飯第一，即使對沖，也要做，而且他是做好事，鬼應該要感謝他才對。

　　我當時就想：你可以例外，一切就可以例外。既然他做一輩子，都不會有問題，那我怎麼會有問題。

　　這些都是屬於佛法中的世俗諦看法，但是沒有世俗諦就不會進入勝義諦。所以，具足佛法的正見，就不會被世間的禁忌所束縛。

　　因為我們會產生疏離感或是對環境感到不安，往往是對環境的認識不足，而不知如何把握。因此，越艱難困苦的地方，就越迷信。

　　關於心理障礙的問題，我再以個人為例：我在三十二歲那一年結婚，太太的身體一直不太好，也生了一對兒女。

　　當時我正在師範大學就讀，對佛法已經有深入的認識，生死的問題也已經不再困擾我了。所以，我覺得我已經盡了人生的義務，而太太的身體也不能動手術，當下我就決定去結紮。

　　當時對男性結紮還存有疑慮，我公司的一些同事問我：會不會有任何影響？我說完全沒有。其實我覺得這只是，一種心理的障礙而已。

　　所以，現代人的心理疾病，應該要用正確的心態去面對。佛法如果通了，自然就能夠開智慧、去除煩惱、去除心理障礙。

　　要能在日常生活中實踐佛法，才是正道。佛法的薰習，要有正知正見，最怕沒有一門深入。

　　有一次，我去佛教慧炬學會的「印光紀念堂」聽演講。

　　聽完時，有人向主講者請教：他的父親得到癌症，不知是因為害怕，還是因為病痛，脾氣非常不好，常常會罵人，甚至要打人，這樣要如何處理？結果那位演講者，卻對他講一些很深的佛理。

　　當場，我就忍不住，站起來說：「鄭教授，你講的佛理正不正確，姑且不論，但是你說法的對象，顯然錯了。他遇到的問題，是日常生活中的問題，而你對他講的這些高深的佛理，說得再多，也無法解決他的問題。

　　「他的問題，其實很簡單，他應該跟他的父親說：根據佛法，一個人臨終時的業力，與他的心境有關係，如果臨終前那一段時間，想的都是黑暗的，那麼下一階段的輪迴，就是墮入畜牲道。

　　「相反的如果在那一段時間的心境，都是清淨的、沒有煩惱，那麼下一個階段，當然就會朝向比較光明的輪迴。所以，應該要教他念佛。……」

　　因為，念佛不是迷信，念佛是讓我們的心不會散亂，也可以讓我們對痛苦的事，比較能接受。

　　其實，我們對痛苦是害怕，若能真正去面對，反而就不再那麼痛苦了。

　　在人生當中，我們都難免會遭遇到痛苦的事情，或是遇到挫折。

當遇到這些事情時，如果就認為，這是自己運氣不好、或是祖先沒有積德、是命中注定的，那麼他的人生，就永遠是黑暗的。

我再舉個例子，我在飛利浦的主管是新竹地區，非常有錢的人。我要退休時，他也準備要退休，但是他每天都在煩惱，退休以後的日子要怎麼過？

在他的心裡充滿了對老年來臨的恐慌，以及充滿了對財產的眷戀。

所以，他非常怕死，公司的飯菜不敢吃，一定要自己帶便當，一雙筷子一洗再洗，被蚊子叮了，就要趕快去打預防針，在他的生活中充滿了恐慌。

他是現代人的一個典型的例子，擁有財產也擁有健康，但是他的生活沒有內涵。所以，我就告訴他一些佛法，佛法講的是因緣生因緣滅，要放得下才能得。

我將對佛法的認識，來過我的生活，我的生活是越來越光明，而他卻因為不認識佛法，而生活越來越黑暗。

所以，現代人如果對佛法沒有正確的認識，往往就會走入迷信、走入神通的追求。

# *4.* 快樂的求學歲月：

## 記一位沒有牆籬的台大老師曹永和院士

我最初會和曹老師認識，是透過台灣師範大學歷史系王啟宗教授介紹的。

當時（一九八四年）我因打破台灣師範大學歷史系夜間部，二十幾年來的空前紀錄，考入了李敖先生曾念過的台大歷史研究所，既感興奮，又覺茫然。

走在台大的椰林大道上，看著文學院的典雅外貌，雖知道自己已好不容易考進來了，今後可以在這裡和來自台灣各地的精英學生一起求學和一爭長短。

但，一切又是那樣地陌生，那樣地突然，彷彿令人難以置信。一時之間，到底應走哪條路才好呢？我有點不知如何是好？

恰巧在報上曾讀到一些有關曹老師的自學報導，心裡很想向其請教，所以特別先透過台灣師範大學歷史系王啟宗教授的介紹，再親到台大校園來拜訪曹老師。

不過，曹老師當時還未獨立正式在台大歷史所開台灣史的課。我不知道他能否指導我的研究。所以當時半途中我還一度臨時起意，先去系上的一間研究室，拜見同樣教台灣史的黃富三老師，向他表明：我想要研究民族英雄鄭成功，並希望他能指導我的研究工作。

　　但是，那天恰巧有太上老師楊雲萍教授在場，他是黃老師的老師，才一見面，就嚴詞考問我日文相關資料的閱讀實力，並要求我一定要學會荷蘭文，否則不接受為該主題的研究生。

　　我一聽之下，差點沒當場昏倒。因我年已三十幾了，有家要養，必須半工半讀，不可能丟下一切，跑去歐洲學荷蘭文。於是，我茫茫然地退出黃老師的研究室，轉往台大研究圖書館，迫切地希望和不曾見過面的曹先生談一談，看問題如何解決？

　　我是在台大研究圖書館的特藏室辦公室見到曹先生的。當時雖是生平第一次和曹先生面對面談話，但就像和熟悉的鄰居長者碰面一樣，一見面就感覺非常親切，不會讓人有威嚴和壓迫感，所以講起話來，十分舒坦和盡興。我先向他報告，楊雲萍教授強烈要求我學荷蘭文的事，並請教他：

　　一、可不可以向他學荷蘭文？

　　二、到底荷蘭文裡，還有多少有關鄭成功的珍貴史料？

　　曹先生坦白說，他的古典荷蘭文造詣並不深，而且如果只為研究鄭成功才要學古典荷蘭文，其實大可不必，因其中的相關資料並不多。所以他的結論是：我不妨改走其他的學術途徑。

　　但是，有哪些是適合我的興趣和專長呢？

　　曹先生聽我談了一段我的苦學歷程，並了解我長期接觸佛教史的背景和狀況後，大膽的建議我：應該改研究明代佛教

66

史，那是他早年一度想研究而未實現的學術夢，希望我能完成
它！我說，讓我考慮看看，但，其實心裡是接受了。回到家
後，便決定從此要從事中國近代佛教史和台灣佛教史的研究。
這是我生平最重要的學術方向的抉擇。

　　而今回顧，這些年來，自己雖能在學術界有一席之地，並
小有成就和名氣，可是若非曹老師當初對我作了正確的方向指
導，是不可能有今天的我的。另一方面，這也代表曹老師在台
灣佛教學術研究的重大貢獻。

　　當時既接受了曹老師的建議，要更改新的研究路線，我便
立刻向學校辦了延遲一年報到的休學手續。

　　在那一年中，我必須克服古典佛學日文的閱讀問題，並儘
可能重新結識國內和此研究領域相關的學術社群，以便累積彼
等的研究經驗並方便蒐集相關的研究資料。

　　這些，我都在一年內辦到了。於是一九八五年秋天，當曹
老師在台大史研所正式開台灣史的課程時，我順理成章地成了
曹老師在台大的第一批學生，並且師生共同合作，開啟了戰後
在台大十分罕見的台灣史研究熱潮。


　　當時曹老師授課的時間，是在星期六上午，為冷門時段。
教室在文學院二樓的一間鄰女生廁所的研討室，因此討論課進
行時，如太大聲，常引來上廁所女生的一陣白眼。

　　但，當時選曹老師課的人，正式的和旁聽的，加起來有十幾
個。除了台大史研所的學生之外，台大法學院和政治大學歷史所

的幾位高材生,也加入這一陣容,所以討論的風氣很熱烈,並且讀書的方式和花費的時間,和一般的課堂上也大不相同。

例如星期六上午四小時的課上完了,大家並不立刻下課回家,反而是約定中午和曹老師一起吃飯,然後下午再繼續進行其他的閱讀課或學界現況的參訪活動。事實上,這些都是額外的授課要求,既無薪水,又花費他的大量體力(他出門總是背著一個大書包)和私人時間,但曹老師樂於當學術的廉價勞工,任憑學生的需要,隨時準備被剝削和利用。

因此,他像母雞帶小雞,領著我們到處跑,去見該見或應見的機構和學者。而他的人緣之好,每每出人意外。

例如有些書商,看到他帶學生來,不但書價打折,還花錢請客,簡直不計成本。所以那是一段充滿快樂和令人難忘的求學歲月,我生平再也不曾碰到第二次了。

不過,當初在研究所上課的曹老師,雖有滿腹學問,卻缺乏經驗,不知如何進行授課。因此這時,作為班上同學「大師兄」的我,便毅然出面領導討論課的進行。而曹老師則像菩薩靜靜坐在一旁,但仍隨時有求必應地,回答任何我們在討論時出現的問題或資料出處。

當然,以他多年的職業訓練和本身專精的深厚研究經驗,在這種場合,不用說,他是如魚得水,十分稱職的。有了他的從旁指導,再加上我主導的討論課,即成了當時最佳的讀書效果。因此,大家越讀越起勁,簡直欲罷不能。

不只如此,受此學風影響,日後我們這一班的同學,有七

成以上，在碩士班之後，還繼續在國內外著名的大學攻讀台灣史的博士學位。

如今，有不少已是這一領域的行家了。

我相信，像曹老師這樣的影響之大，在台灣學界，也是很少見的！

（1999.08.11《聯合報》37版，聯合副刊）

# *5.* 薪盡火傳：

## 談我所認識的台大張忠棟教授兼論
## 其傳記問題

　　張忠棟教授是台灣大學歷史研究所的專任教授，並且早在我進台大歷史研究所就讀碩士班和博士班之前多年，已是社會知名的政治評論家。雖然如此，由於我考入台大歷史研究所的組別是屬於「一般史組」，並非「現代史組」，所以在碩士班的階段，我從未選修張忠棟教授的課。

　　另一方面，由於我是失學十八年之後，費盡千辛萬苦，才以自修同等學力考進大學就讀，年紀較一般同學大許多，又要半工半讀養家，所以有很強的自覺：避免實際介入或參與當時在校園外正如火如荼進行的各種台灣政治運動。尤其在考入台大歷史所以後，我專注於宗教史和明清社會經濟史，並且有意避開所中任何和現實政治太密切的教授和課業。也因此，在碩士班階段，我甚至連在校內和張忠棟教授相遇，都裝做沒看到，就低頭走過去了。

　　儘管如此，由於台大的資訊來源一向多而快，我當時對張忠棟教授的校外活動和他的許多報章上的政治評論，其實相當清楚，但僅止於了解的層次罷了，談不上甚麼好感或惡感。一直要到解嚴後多年，且當時他已證實得了肝癌，而我博士班的

課業也修得差不多了，才因幾位才氣縱橫、學識淵博的同門師兄弟潘光哲和劉季倫等人的影響或慫恿之下，正式選了張忠棟教授開的三學分「胡適專題」，並進而和張教授建立了深厚的師生情誼，甚至由他選定為他的生平學術與思想傳記的撰寫人之一。

　　但，為什麼我會成了張忠棟教授認可的為他立傳的人選之一呢？

　　其實，在張忠棟教授生前，甚至直到他在今年六月十一日晚，病故於台大醫院之前兩個多月，我們在電話中談起關於自由主義的種種時，他都只提到：他的「傳記部分」可由我來執筆，卻沒說明理由為何？

　　因此，我只能根據自己的理解來談，我和張忠棟教授之間的一些交往情形。

　　假如我的理解沒錯的話，我應是張忠棟教授在台大任教職三十幾年來，課業評鑑少數成績最頂尖的學生之一（據他自己說，我的成績是空前的）。

　　因此作為他的「高徒」之一，為自己的業師立傳，似乎也理所當然。

　　可是，我不認為這是一個好的理由。

　　認識我的人都知道：我一向不拍任何老師的馬屁；並且我在台大的學業之優秀，幾乎科科皆然，故我不可能為此而替任何人立傳。所以，我和張忠棟教授的深厚師生情，乃至他有為其撰「傳記」之託。應還有其他的因素在才對。

　　猶記得一九九二年秋季開學以後，雖選了張忠棟教授的「胡適專題」，但是，我當時並不看好他的課可以如期開課或上下去。因我一直擔心罹患肝癌的他，不知身體狀況如何？何況每星期一次三小時連續的博士班專題討論課，不知道他要如何撐下來？

　　直到開學後第一次上課，才確定課可以上下去。

　　可是怎麼進行呢？

　　其實，當時我們選這門課的幾個博士生，都是讀書狂，坦白說，對相關課題的資料和研究現況，並不比授課的張忠棟教授知道的少。更何況，在台大，我一向是此類討論課的靈魂人物，根本不用擔心張忠棟教授屆時會玩甚麼花招。

　　可是，他上第一堂課，就出乎我們大家的意外。

　　而當時最尷尬的，是劉季倫學長。因他早在幾年前，就寫書評，評論過張忠棟教授的名著《胡適五論》（台北：允晨，一九八七年）。此外，他自己所擁有和胡適研究的相關著作，也幾乎都帶來了。

　　至於潘光哲學弟，則幾乎是這方面的權威，因此不用說，他帶來相關的資料，同樣齊全。

　　在這種情形之下上課，通常都是，教授先介紹自己的相關著作或觀點，然後由學生接手發問或表示意見，接著就是：規定第二次、及以後各次的討論方式，和個人負責報告的部分。

　　所以上課一開始，張忠棟教授發現大家幾乎都人手一本他的書，便問大家：對「胡適專題」這一課程有何意見？

恰巧當天，劉季倫學長因緊鄰張教思棟教授而坐，率先發言，打算介紹他曾寫過書評的張著《胡適五論》。……

誰知，張忠棟教授一聽，便制止了，並說不想在課堂上，討論自己書中已寫過的意見。

此舉，大出大家的意料之外，因此都愣住了，不知如何接口，氣氛很尷尬。

我並不喜歡當時現場的情況，但也不願認輸。於是，我主動要求發言，並打算反擊張忠棟教授。因此，我隨口提出一個很尖銳、但不一定正確的相關問題。

我說：「歷來的胡適研究者，很少注意到毛澤東的革命事業的成功與胡適論政所以無效的根本差別，即毛澤東在一九三〇年五月發表〈反對本本主義〉一文所提到的：『沒有調查，就沒有發言權。調查就是解決問題。』對現實政治的理解和動員群眾，都不能架空而談。試問胡適對中國的政治現況，何時作過調查呢？事實上，社會科學的調查和統計的方法運用，胡適一生中，都是很陌生的，所以他的立論，常成空談；相反的，他的下一代學生，如傅斯年留歐時就對統計方法和社會科學用心很深，因此他的立論較有成效和日後也較能辦大事。而毛澤東的革命成功，也應是和他能真正走入田野，實際理解現況有關。因此，像胡適這樣慣於在舒適的書齋中，發空言評論的學者，也許能享有名氣，也許是個所謂的自由主義者，但論政的無效，卻是他的最大悲哀！」

我當時一面講，一面想看看張忠棟教授如何反應？如果他發火，我就準備退選這門課。反正我該修的博士班學分早超過了，根本不在乎他這三學分。

當時，誰也沒料到：這是一個妙點子。可是，張忠棟教授一聽完，首先就表示對我這一評論意兒的讚許！潘光哲學弟接著問張忠棟教授：他到美國唸博士學位時，學科的訓練如何？他的回答是：和胡適讀書的時期，有極大的不同，即很重視社會科學方法學方面的訓練。

由於話題對頭，大家都找到發言的空間，討論立刻熱鬧起來，三小時很快就過去了。

從此，我一直到學期終了，都不斷創造話題，甚至碰到我請假，大家就跟著停課一次，而潘光哲學弟則到處搬來相關資料。

因此，當時我們幾乎窮盡式地，不論官家機構或私人蒐藏，凡能借到的都不放過。例如中研院近史所陳儀深博士私人蒐藏的相關大陸資料，幾乎有百分之八十以上，都因此被我們各自複製一套影印本了，其餘的可以類推。

因此迄今，我仍相信：有關胡適的相關資料，就私人蒐藏而言，大概很少有人能和我們這些師兄弟所擁有的相比。

另一方面，既然論題的發展和資料的擁有，都超越張忠棟教授之前，所研究的和所曾過目的，所以他來上課，名義上是「課程教授」，但他興致勃勃地和大家「辯」成一團。

而且，每遇上課盡興，為了表示嘉許，下了課，就由張忠棟教授親自選餐館、親自點菜且全部由他付帳，讓大家過過癮。

　　我相信，張忠棟教授一生中，在一學期內，講學生上餐館的次數之多，和興致之高，除了和我們這一班之外，大概找不到第二班了。

　　而據我所知，這樣高水準的班級組成和討論狀況，也是他教書一生的最高峰，以後就成了絕響。直到他去世為止，都是如此（張忠棟教授晚年學術事業的合作者，主要的還是我們這些師兄弟）。

　　因此，可以說，張忠棟教授在晚年，是有一些極優秀的後輩來當他的知音的。這在台大歷史所，也是少見的。可是，這也不是我要替他立傳的主要原因。

　　何況我個人在一九九六年三月，也證實罹患「多發性骨髓癌」，並長期在醫院做各種治療（迄今除行動稍有不便之外，一切正常）。

　　張忠棟教授是我發病之初，最先到醫院探望我的台大老師之一。以後，只要他知道我的病情有需要，例如他以為我要動骨科手術，他立刻先和台大骨科權威陳博光大夫聯絡，請他協助。甚至一直到去年，他仍為我的治療費用和生活費，花了不少力氣（其中包括他的一些誤解在內）。

　　雖然如此，若論晚年和他走得最近的台大學生，張忠棟教授固然關心我，但我實在算不上是和他走得最近的台大學生，只有潘光哲和劉季倫兩個人才稱得上。例如張忠棟教授近一兩年所主編約有關自由主義論文集，主要就是潘、劉和薛化元學長等人在負責的。

不過，我的批判性比較強，立場比較超然。更重要的是，如何論述和定位張忠棟教授作為繼胡適、雷震、殷海光之後的又一自由主義者，事實上是我最先提出的——當時我們是在檢討胡適晚年的處境，而張忠棟教授的相關書籍之一的書名是《胡適、雷震、殷海光——自由主義人物畫像》（台北：自立晚報，一九九〇年），因此，我才會提到此事。

而張忠棟教授當時聽了，也不認為我是在開玩笑，但他立刻建議：應由江燦騰來寫！

不過，坦白說，當時我是沒甚麼興趣，花時間寫他的傳記。我全部精神，都用在台灣佛教史的研究上，正意氣風發，每年都出版新書（我那幾年的著作數量，比張忠棟教授一生所寫的著作還多）。所以，張教授也未進一步和我談起相關的後續的工作。

但他當時指定：有關幾十年來胡適禪學的爭辯學術史，就作為江燦騰的學期報告，不許改題、不許沒交。結果，我之前已花十年收集的相關資料，就這樣開花結果了：我交出的一篇近七萬字的完整論文，立刻獲得他生平所給的最高學業評價。

雖然如此，直到執筆寫這篇文章時，我依然未意識到：他會那麼快過世；而我居然也還活著，並真的要為他寫傳記。

張忠棟教授於今年六月十一日病故時，台大的師兄弟，因擔心我的病情不堪負荷，原先是不準備讓我知道的。但童長義學弟知道我會關心此事，特地打電話告訴我。

　　而等我自己聯絡之後，又很難過的知道：張忠棟教授是被昔日的老戰友氣死的！

　　因此，我頓時感到對張忠棟教授很愧疚。因今年春天以來，我和張忠棟教授其實有過三次的電話長談。

　　第一次他送我他「允晨」重新出版的《自由主義人物》，這是原先在自立晚報出版社出版的《胡適、雷震、殷海光》的增訂版。所增加的部分，我在《當代》已讀過了。

　　因此，我的建議是：如有再版的機會，可將書名修訂為《戰後台灣自由主義人物》，較名符其實，並且可加一「導論」，解明「何謂自由主義？」以助讀者理解。他很同意。

　　第二次是，因《中國時報》「人間副刊」登出，楊照先生和顏厥安教授對談，戰後台灣自由主義的長篇評論文章。我問張忠棟教授：對此評論有何看法？他的回答是其中有不少誤解和不公平之處。他建議我有機會，可撰文反駁，然後又重提，要我撰寫自由主義人物思想傳記之約。

　　第三次是他要我來台北時，和他約地方見面長談。我答應了，但遲遲未兌現。更沒料到，才兩個多月而已，他就過世了。

　　因此我們雙方約定的會面，只有等到我也前往黃泉路上，再談了。

　　不過，張忠棟教授過世後，我驚訝的發現，除了李敖在有線電視「真相台」所主持的「笑傲江湖」節目上，極力嘲諷所謂「張忠棟之流的自由主義者」之外，報章媒體的報導和各方的評論，都一致肯定他的一生，是作為一個自由主義者，對台灣民主政治的卓越貢獻。

特別是，當我參與今年六月十九日，在台北「靈糧堂」所舉辦的追悼會之後，回到竹北家中，將所聽所看到的仔細整理了一下，又發現：自己所理解的張忠棟教授印象，和別人所理解的張忠棟教授印象，居然大不相同。

怎麼會這樣？我惶惑之餘，為了解決這一認知上的差距，於是一方面打電話請在台北的潘光哲學弟幫忙，把張忠棟教授早期出版的幾本評論集，全借給我閱讀；一方面，則把張忠棟教授多年來在《中國論壇》上所參與的相關座談會發言紀錄，再全部仔細讀了一遍。

如此一來，我敢於自信：自己所理解的張忠棟教授印象，其實是沒問題的！

於是我打電話給《當代》主編金恆煒先生，表示自己想為張忠棟教授，寫一篇紀念的文章。金先生則回說，因作業很趕，要我文章快點寫。

因此，在這裡，我條列式地，將要說的意見，表達如下：

其一，張忠棟教授的一生，其實是很幸運的。早在六〇年代初期，他以碩士論文《東漢之教育與士風》剛自台大歷史研究所畢業，就聘為系上專任教師，並且很順利地在幾年之內，由講師升到副教授和教授。

因此，七〇年代初期，他去美國讀博士學位之前，已是一位小有名氣的正教授了。以後，他雖寫文章批評時政多年，甚至在解嚴之後，加入民進黨，為該黨的不分區國大代表之一，也未遭到類似殷海光教授早年在台大所面臨的困境。

其二，張忠棟教授和他在台大歷史所的前後期同學比起來，是屬於比較活躍的一位。

特別是他由中國中古史的研究，轉為近現代中美關係史的研究之後，由於正逢台美關係生變之際，他感於身為大學教授的知識分子角色及責任，於是經常在各媒體上發表時事的觀察和評論，並因而逐漸成為媒體的常客和社會知名的台大教授。

可是，一般而言，他的評論意見，只是穩健的合理看法，文筆雖明白流暢，但無太特殊或較深刻之處。因此，在七〇年代中期之前，他的角色，可說是標準的國民黨樣版的台大教授。他的轉變，是在之後，逐漸發生的，也就是說，他是伴隨台灣政治反對運動的發展而被捲入的。

其三，張忠棟教授是外省籍（漢口市人），但娶的妻子則是本省籍的張夫人。因此，張忠棟教授常以自己為例，不認為有真正的省籍情結。

解嚴前後，台灣內部為族群問題和統獨問題，進行大辯論時，張忠棟教授在一些相關的座談會上發言，一貫表示，有好的民主制度和真正落實憲政，即無族群和統獨問題。因此，他的立場是前後一致的。

可是，他過於簡化問題的複雜性，說服力不是很強。

其四，張忠棟教授並非一開始，就界定自己是自由主義者。他是從對胡適政治態度，逐漸理解胡適作為近代中國著名的知識分子和自由主義者的角色真相，然後對照自己參與台灣當代政治改革的經驗，而後產生強烈認同的。

這也就是為甚麼李敖先生，要強烈地批評他的原因。雖然如此，張忠棟教授的穩健、無意識形態的包袱和務實的政治評論觀點，對當代台灣社會而言，真正是一份珍貴的經驗和社會資產，值得全民學習和感念的！

其五，張忠棟教授是一位重視生活品味的大學教授。他在台北近郊的家，我多年前去過一次，環境之優美，是我這種窮工人出身的後輩，連夢想都不曾夢見過的。

雖然如此，我也有自感驕傲之處，即我可以批評張忠棟教授，作為台大著名的歷史所專任教授數十年，卻很少對中國文化或台灣文化下功夫。所以，他幾乎從未在近一、二十年的台灣社會轉型中，有過任何重要的相關文化評論。

他對兩岸在解嚴後的思想或文化交流，也幾乎提都不提。

在這種情況下，他重新省視中國近現代自由主義者，肯定從胡適、雷震、殷海光到夏道平的重要貢獻，我但以為是不夠的。

特別是作為一位大學專任教授的專業素養，他是有些忽略了。

因此，今後的任何相關的問題，只有留待我們這些學生輩，來替他彌補了。[1]

---

註[1] 日後，我為了實踐此一諾言，我特別與陳正茂教授合寫《新台灣史讀本》（台北：東大出版社，2008），書中對戰後現代台灣社會文化史有最豐富的探討，其中關於自由主義在台灣的代表性人物和張忠棟教授的評論，都納入其中單獨的一章來說明。此舉可以說，是歷來此類書籍中的開創性作法。

第二輯 ■ ⋯⋯⋯⋯⋯⋯⋯⋯⋯⋯⋯⋯⋯⋯⋯⋯⋯⋯⋯⋯

早期論學書信輯選

# *1.* 談尋找中國民族音樂的泉源：

## 我早年寫給許常惠先生的三封信

**說明：**

這是我從空軍的三年義務役退伍（一九六九年九月）前後，連續寫給音樂家許常惠先生的三封私人長信，我沒料到許常惠先生在隔年（一九七〇），居然私下將這三封信一起發表了，篇名是他新取的，叫作〈與許常惠談中國音樂的泉源〉。我本人是事隔很久之後，才從當時就讀於中原大學的，我的小學同班同學陳石富處，得知此一消息的，所以非常驚訝。

之後，我質問許常惠先生，為何沒有事先徵得我的同意？他立刻約我在他的家中見面，並多方鼓勵，也送我一些他的作品。此後，我們就沒有再聯絡過了。

不過，在這篇文章〈與許常惠談中國音樂的泉源〉發表時，許常惠先生曾寫了一個〈前言〉作為介紹，其全文如下：

> 去年（民國五十八年）十一月起，我連續得到了住在桃園的江先生三封長信，最初一封是八月十一日寫的，但因他寄到仙人掌出版社，轉來轉去，我收到已經十一月。後來兩封是直接寄到我家來的。
>
> 對於他的三封長信，我只回了兩次短信，比起他的深長的內容，我等於沒有回他所提出的問題。因為我實在太

忙了，一個星期教三十多小時的課，還要寫文字，作曲、開會……但這都是藉口，事實上是他的問題太大了，太嚴重了，那是今天整個中國音樂的問題，不是在信上談得清楚的問題，也不是我個人可以解決的問題。更重要的是那些問題不是江先生與我之間的兩個人的問題，而應該是關心今天中國音樂的發展的所有中國知識份子的問題。

所以，最近我獲得江先生與《愛樂雜誌》主編陳先生的同意，將這三封長信公開，供大家討論、批評、思考。

最後，我覺得最可貴的，不是江先生批評我個人得失的地方，而是江先生不過是一個社會青年；一個普通的社會青年（他服務於某工廠）所看，所關心的問題，竟超過一般大專學生，或音樂學生，或音樂工作者的水準，更深入，更嚴肅！

　　　　　　　　　　　　　　　　　　許常惠

雖然從以上許氏在其〈前言〉最後一段的說明，可以證明他曾對我當年的還不成熟的看法，仍給予很高的評價，可是我當時所想表達的，其實只是本身對於中國傳統音樂文化革新的強烈關懷，而非作為專業音樂人的深刻藝術評論；因我當時，只是將自己的個人經驗，加上仿羅曼羅蘭在其相關著作中的評論方式，來進行對創新民族音樂的反思和提出一些個人的相關主張而已。

　　事實上，以我當時的低學歷和僅靠自學習取新知，所能表達的程度，也只能到如此的地步而已。可是，它卻是我建立日

後從事研究文化或評論文化的重要轉型階段，因為之後我就更有信心，來表達自己的相關見解了。所以將此三封信簡特別納入本書，以作為我未進大學之前對時代關懷的文化與藝術的學思表現。

> 又由於每一個學者，都有他的成長階段，以及他必須經歷的生澀與半熟之表現經驗，我個人也不例外，所以我不必擔心來自讀者的譏嘲或苛評，反而好奇如果易地而處，他人的表現又是如何呢？

# 第一封信（寫於民國五十八年八月十一日）

常惠先生：

關於大著《尋找中國音樂的泉源》一書，我讀後有幾點感想，欲向您請教、請教！

不過，我要對您坦承，對於西洋音樂，我除了對某些歌，覺得好聽和不好聽外，我是十足的門外漢。同樣的，我對於中國音樂，所能感受的範圍，亦只限於能唱的歌、或常唱而覺得耳熟的歌罷了。此外，我還能唱些「翻版」的流行歌曲。以我這樣淺薄的音樂知識，實在談不上跟人也談對音樂的感想。

但由於我是中國人（一個台灣人）和您流的是相同民族的血液，生長在同一國家的土地上，自然對表達一個民族心靈的藝術——音樂的問題要表示關切。

我知道，先生十幾年來，始終熱情不懈地在鼓吹民族音樂的創作，然而社會面的回響浪潮，竟是那麼微弱，近乎蚊鳴。

此一情況，促使我個人認為，如能在先生的奮鬥中，增加一份回響，必定會給先生多一份安慰。所以，我憑著一股熱情，不顧暴露自己淺薄的顏面問題，也想來談談，從讀先生大著中所得的幾點感想。

我的感想，其實很零碎，沒有系統。所以我只能順著篇章的先後，來表自我的意見。

首先，在先生大著的第一章，說是要：「復興中華音樂文化」。但是，什麼是中華音樂文化呢？先生似乎在大著中，並沒有任何說明。

尤其是，到底是在中國發生過的呢？還是屬於中國的呢？還是代表中國的？或是象徵中國的？先生也沒有講明。先生既然在大著中宣稱要為「中國的音樂尋找泉源」，則先生應先針對這個問題，下個明確不變的定義，或更有連貫性的說明，否則就不知道先生真正的主題對象是什麼了。

不過，先生還說：「近代中國音樂的最大特點，是和西洋音樂的接觸。」這一論點，我認為是對的。

但在先生把它們劃分各「階段」的意見中，我倒是有些補充的（臆測性）看法：

A.「接觸階段」：

我想西洋音樂最初傳到中國的，應是宗教音樂。而宗教音樂在宗教儀式中，佔有重要地位，中國信徒，也就是中國人，最先

接觸的，就是以西洋樂器演唱的宗教音樂。也可以說，在某程度的範圍內，特別是沿海各都市，西洋音樂早已滲入中國人的生活。

此說的持論根據是，自清季在鴉片戰爭失敗以後，列強曾租借或強佔中國沿海重要都市（因此，請先生注意，中國近代音樂發展的範圍，直到抗戰前，也只限於沿海城市），於是大規模的西洋音樂或音樂活動被介紹到中國來了。

但是，還有先生忘了的一件事：那就自蘇俄革命之後，境內的許多白俄貴族曾流亡到中國來，特別是在東北的哈爾濱市。此時高水準的演唱在中國出現，而哈爾濱市就儼然成為當時的東亞藝術之都。所以西洋音樂會和中國人的生活最早會發生關係者，實在是由於在華的外國人之努力居多。

B.「接受階段」：

我想，雖然我國有西洋音樂教育的創設，但西洋音樂並沒有普遍在中國生根。充其量，我們只是「有了些搞西洋音樂玩意的人才」而已。

C.「實行階段」：

  a. 作曲與演奏：此時確如先生所說：「終於大部分中國人接受了新音樂」。的確，中國音樂用五線譜來寫是新鮮的，是革命性的改革。但表現出來的情操並非純粹中國人的心靈。我尤其想請教先生的是，此後此種音樂，是否成為代表中國的音樂？抑或平劇的音樂，才代表中國音樂？我們到底要復興

那一種？並且若是改用風琴、鋼琴……來演奏平劇樂，請問
這還算不算 仍是中國音樂？

b.音樂教育：先生認為：「事實上表示我們已經接受西洋專業性
音樂訓練的嚴格制度」、「如果我們要學人家的音樂，趕上人
家，我們非徹底的接受他們的訓練與制度不可」、「終於在
國內，我們也能培養受西洋音樂教育的中國新音樂家了」。

不錯，國人若能西洋式的音樂教育，的確是可以提高我全
民族人民音樂素養的水準；而西洋音樂終將慢慢為我民族全盤所
接受，並溶入我民族音樂的一部分，屆時若有人唱平劇用鋼琴伴
奏，亦將可能無人會認為是奇怪駭異之舉。

但我的意見是：先生的看法始終只著眼西洋音樂教育在中國
推廣的情形，和以「西洋的」中國新音樂家的成就，來認定我們
音樂的前途。

可是我卻認為，雖然我們的民族音樂用西洋科學的音樂理論
眼光來看，它的曲調是粗俗的，殘缺的，淺薄的，但它無疑地是
真正代表了中國人的心聲，而所謂俗樂，其實正是中國人（大多
數的：因為從前十分之八以上的中國人，是純樸的，無知的，貧
窮的）生活中不可或缺的韻律。

然而，當代的我們的「新音樂家」們，彼等在批評這些俗
樂之餘，心中居然會認為只要是他們創造了音樂的曲調，不必去
理會內容是否中國的，就認為中國人一定可以接受。如果不能接
受，簡直就是忘恩負義。我認為像這樣的音樂人本位主義觀點，
這實在是一種錯誤的偏頗看法。

　　我們必須了解，我們民族是有民族性的，而民族音樂就在表現這一民族特性，從形式到內容都算是。所以如果我們新音樂家，確曾表現了我們的民族性，那他應該同時教導我們，如何來瞭解他們新音樂的表現方法與新涵義的樂思內容。

　　說實在，我們太多數的人都缺乏西洋音樂教育，而學校的音樂課程，實在連形式都算不上，更何況要瞭解高深的音樂作品，寧非夢想。這就是為什麼您們要一直寂寞下去，而我們不去理會的原因。

　　再者，舉現成例子來說，對於我們生活在台灣地區十分之八以上的人來說，所謂流行歌曲其實才是音樂，因為它的旋律容易滿足我們心中欲念的緣故。而西洋傳統音樂的表現法，我敢說真正能夠接受的實少得可憐。

　　在這種情形下，先生能把眼光注意到民歌－表現民族靈魂的曲歌上來了。這實在是情勢上，不得不逼您們走近來的。可笑的是，您們知覺這一點居然是要到那麼晚才開始有所覺悟。

　　而從民歌引起的幾點感想，我想以下接著針對在（貴大著的第一章）第三、四節上說明，提出我的一些看法：

　　由於先生在大著的「三、新音樂在自由中國二十年一九四九年以後」和「回顧、檢討與覺醒－民族音樂思想的抬頭」裡，終於能憂心到我在上面所講的問題（按：我在寫上面的感想時，還未談到您第九節的文章，所以我們在意見上是雷同，我深深為此點感到敬佩；並且，在我想寫此信的感想之初，我其實也只是讀了後面幾章的文章而已）。所以，當我們回顧到民族音樂的問題

來時，我們有幾個觀點極待澄清，而先生乃此領域的專家，定能勝任對這些問題的解惑。

我首先要問的是一個本質性的問題，亦即當我們從音樂是什麼？這一觀點出發，則我們的一些民歌既然也算既然算音樂，則向台灣的歌子戲的戲曲之類的音樂，應仍算一樣是音樂；而同樣地我們當代台灣地區所流行的歌曲也應該是一種音樂，按次類推，則所謂的出殯的土樂或迎神的土樂，也應當都是音樂才對。

為什麼我們談音樂，一定是提西洋的。講音樂家一定要在外國學過洋玩意，有學位有名氣的才算呢。

現在先生為音樂界代表性人物，注意到民歌時，似乎只在將民歌原樣保持，忘了把它再改革創造一番，（只要更完美、更中國的、更可為群眾接受的方法，為什麼不可以呢？）並且採集的範圍，僅限於唱的民謠部分，眼光實不夠寬宏。民歌雖然具有強烈的地方性和最真純的民族心聲，但在台灣的民歌實已揉含了日本歌謠那種慘傷和憂鬱的氣息。

相反的，台灣的歌仔戲的戲曲和出殯、迎神的土樂，倒是道地的民族音樂。我們創造新音樂，似乎可以揉合西洋和中國的，用小提琴來奏「哭調仔」，無可非議，用五線譜代替「士」、「工」、「商」要理想些，並非純粹郎好。中國音樂只要含有嚴正、和平，朗爽、恢弘等氣息即可表現我民族性。傷感、憂鬱，混噪，應該從中國音樂中排出。

我並且認為，我們的婚喪節慶，應該各有代表性的音樂。先生似可建議文化局，徵求此種曲調（型式待創），然後由內政部通行實行。我在地方迎神日時，看到舞龍的美妙步伐，（非是台

北常見的,乃是有含意義有代表性的步伐),曾認為『龍是中國人精神的象徵』,中國的皇帝常以龍自居,為什麼沒有精妙的舞龍曲呢?我相信先生如果能對此作研究,然後以舞龍的藝術介紹到外國去,先生一生英名將更響亮偉大。先生豈有意乎?

我是一個失學的青年,我關心各種民族文化的問題,但我能力有限,況且肚皮要緊,所以略綴數語,向您請教。以後的數章,有時間我再寫感想。

# 第二封信(寄出日期不明)

我寄給您的信(從仙人掌出版社轉)終於達到您的手中,在十月七日收到您時間信。您表示有些問題想給我答覆,又怕在信上不容易講清楚,最好我有空到台北的時候上您家裡時再說明等語,我想有一天我會去的,現在我只想對您的大作再評細研究一番,等到我認為您完全瞭解時再去。我從前寄信給您,那只代表這社會無數讀您著作的讀者的一點感想而已,談不上什麼寶貴。信寄給後,遲遲沒有得到您的回覆,我於是如此推測:

一、您根本不願意看。

二、您寫書的目的只是作為一種宣揚自己的手段,並不在研究問題。

接到您的回信後我才知大錯。您原不是我所推測的那種人。

於是我願更進一步將我對您大著《尋找中國音樂的泉源》一書提出見解寄給您作為一種讀者的反應。

著書的人最痛心的就是書沒有人讀，或被人完全誤解書中的涵義：讀者的反應可以量度出，著作者的意見在社會傳播的情況和被社會接受的程度。因此我不再顧慮您為著書，教課和研究已忙碌得不可開交，仍舊繼續寫信給您。

論及正題以前我想先談談關於您的著作曾經對社會的影響。

為什麼此時，我談及這些？我並不是在阿諛作讚，那對您是不需要的。

我要談的，將可以使您瞭解為什麼「現代音樂」不能在我們的社會流傳廣播的原因所在。

遠在年前您曾寫過救救民族音樂的文章（文章的內容我不清楚，希望您能將《中國音樂往那裡去？》一書送我一本），因為那時正是「流行歌曲」大行其道的頂峰時期，整個社會瀰漫著一片頹廢的靡爛曲調：悲戚，騷亂，虛偽鬱傷……。

寒爵先生（中國時報社的短評專欄作家）接二連三的在專欄上大書「救救民族音樂」的文章，大量引用您書裡的呼籲語句，由於吶喊的主題正確和寒爵文筆的犀利，終於得到社會各界普遍的注意，最後文化局決定去年為音樂年，要廣泛的深入的推動音樂教育，挽回民族音樂的潮流，取代社會上的靡靡之音。

的確，去年由政府促成的音樂活動較往年為多，不但規模大，而且素質很深，可是真正的檢討起來效果又是如何呢？先生是樂界的大行家一定了然。

原因又在什麼地方呢？我願不彈筆墨多費，藉另一種潮流的泛濫來解釋為什麼社會排斥正統的音樂而接受那些以色情為媒介的靡靡之音的緣故。

　　您清楚為什麼今天「流行歌曲」會那樣大行其道？論歌曲的本身並不具備什麼優秀的條件。就其歌詞來說除情曲，愛，想望怨嘆，悲悽以及毫無內容的各式字句外，還能找到什麼？歌曲則完全是人家的翻版，娘娘腔一大套，那有絲毫純正的風格，即使它是外國的。

　　是它有一個好處，通俗，旋律簡單，這是容易流傳的原因。它透過電視廣播效果巨大的影響，和高薪成名的引誘，歌唱人才輩出，於是推波助浪氾濫成災。又為什麼旋律簡單而格調雖不優雅的歌曲卻容易散播呢？

　　這是由於我們整個社會的心裡尚極幼稚，並且音樂素養普遍低落，因此單憑「流行」、單憑「直覺」（這是美學的問題）一些悲喪、憂怨，和詼諧的歌曲就大受歡迎。這是從橫的方面看，比較粗淺。從縱的方面來說，則較易鞭闢入裡，但是不容易說明。我想從近幾年來社會風尚的幾些變革來說明。憑我的敏感，數年前我就預料到今天「流行歌曲」會如此的氾濫，這是有根據的，

　　一個潮流的興起絕非平空突發，它必須有遠潛因和近顯勢。大約是四、五年前吧引一向沉默的本省娛樂界，突然來了一陣暴風雨，將本省一向在色情方面的保守性，掀為明朗化。我想您一定還記得，透過某種所謂文化交流的名義，一向連日語歌曲都禁唱的台灣，竟翩然來臨了日本一些電影公司所屬的歌舞團，以少女肉身的暴露和場面的華麗作號召，又加上異國的風味，竟然大受歡迎。在台北遠東戲院公演的時候，大家趨之若鶩，並以票價昂貴的緣故，一時蔚為時尚。

這種情形，當然與台灣娛樂界本身，一向缺乏經營的手段，和為社會頑固但虛偽保守習性所禁滯的緣故。可是更深一層的再加以透視，和剝析問題，就顯得渾濁了。

然而，我願意籠統的說一句，那和我們曾經被人征服與統治有關。

當然，那些歌舞團只是一陣風暴，但就因為它是風暴，所以它走後不久，台灣各地就有歌舞團出現。風暴過後的殘局，終於產生了色情可以明朗化和營利容易的病菌，並瞬即傳染遍了各地。

那時，即或台北已很「現代」，可是鄉間，是絕對的保守。以我生長在桃園縣的大溪鎮為例，我雖是光復以後才出生的，可是我清楚的記得，幼時在鄉間，就是男女不管夫婦或情侶，郎使僅僅牽手相攜沿街而行，都會引人駭怪，視為敗俗。

可是鎮裡一向演歌仔戲的戲院，突然演起歌舞節目來了，那種令人不敢想像的節目竟然出現，那時的景象，至今猶難忘懷……。

第一天節目主人宣佈他們將脫光上部演出，並預告第二天中部，第三天下部……。

這真是鎮裡數百年來，風俗的大變局；戲院的連日爆滿，和戲院內狂熱的鏡頭，不過數日終於映證到鎮民對色情觀念的解放上了，使過去的信念和德訓，就此化為煙散。

我想從歌舞團所帶來的風潮，可以證明一點，就是我們的生活過於平淡，精神的糧食過於缺乏，遂使社會的信仰基礎過於

薄弱，一種改變現狀的慾望，久已鬱積胸襟中，一旦外界發生異動，則整個觀念信仰隨之崩潰。

然而，歌舞團本身的素質太低，除了徹底的暴露以外，缺少任何藝術的風格，所以初期上流人士，還好奇的置身其中一覽究竟，慢慢的就厭倦了。雖說如此，歌舞團的色情誘惑，至今猶深深的刺激著基層民眾的感官，大家樂此不疲。

當歌舞團不足以維繫中階層以上人的時候，台北有一家歌廳成立，也差不多同時，政府正開始鼓吹觀光事業，觀光飯店一一出現，而電視公司也開播了。

但是最初期，歌廳的節目，仍是舞多於歌，由於大家仍嚮往日本來的少女歌舞團的瑰麗場面，所以歌廳羅致一些日籍的褪色藝人表現色相；在觀光飯店方面，大都以高薪聘請外國藝人表演為號召；所以兩方面的生意都不惡。

這時有一個大因素，導致流行歌曲和歌唱人才輩出的濤洶浪湧。政府鑒於高薪聘請外國藝人表演，使大量金錢外流，為社會各界所非難和指責，決定限止外國藝人來台表演。娛樂界為了即時添補空虛，便著手訓練演員。

可是各專業的人才並非一朝一夕之功，可就來之不易。

在舞蹈和歌唱方面的人員倒容易訓練，於是湊合一些各歌唱班和康樂隊的成員，再加上一些原在各地表演雜技的演員，一時倒也斐然可觀。

而電視公司也適時發揮了巨大的功效，讓一些原來只能在淡水河邊賣唱的，竟然出現在萬人面前成為家喻戶曉的明星，儼然是大氣派人物。

歌廳既能收容大量的職業演員，又有高薪和成名的誘引，自然成為一種新興的娛樂事業，其來勢之猛，可謂莫之能禦。這就是流行歌曲所以氾濫的原因和成長的大致情形了。

可是它現在終於盛極而衰振而無力了。當現階段「流行歌曲」已在走下坡的時候，我們可以看到一些藝術歌曲，或演奏會的盛況情形。這似乎是音樂界可喜的現象。

不過，據我的觀察，這可能只是表面的，一時的現象。藝術歌曲真正取代「流行歌曲」，成為社會風尚的主流，似乎是將來的事。現在的盛況，只是人們厭倦了流行歌曲的爛調和呆板，想換換口味罷了，真正具有欣賞能力和衷心感興趣的恐怕很有限。

人們雖認跨進藝術的廳堂一窺「宮室之美，百官之富」，可是由於我們音樂界演奏和演唱的，大都是外國淵深的名曲，即使在外國也未必能普遍被人瞭解，何況在我們音樂水準這樣低落的國度？

當然以嫻熟的技巧演奏和演唱淵深的藝術作品，可以表現藝術家個人崇高的素養，也才能奠定他的地位。

可是在無形中，藝術家苛然地和群眾隔離，一條無法跨越的鴻溝，令民眾在藝術家的門前卻步，只能以好奇羨慕的眼光看著，然後拾起他的腳步掉頭離去……。

這樣一來，藝術家只好在象牙之塔裡，孤芳自賞，有時奈不住寂寞想喚人注意，可是民眾還是一攤雙手，搖搖腦袋，嘴泛苦笑－愛莫能助。

這就是為什麼現代音樂，不能在我們社會普遍散播生根的原故。

以下，我將要對您的作品提出見解。

這也是過去我讀您的作品時，所體驗到的幾點心得：

　　（一）關於傳統的音樂之改革：改革兩個字是我個人的論點所在；這個題目是，我綜合您數篇檢討中國過去音樂到唐朝發展到鼎盛時期，以後就淹失了。

　　並且在此後一千多年中只好戲劇樂成為主流，但也只有詞而無譜，音樂失去了譜，旋律不能重奏，除了文獻上可以檢視外，所謂傳統音樂，可以說是名存實亡了毫無意義。

　　中國近代各方面都受到西方思潮的影響，音樂自不例外。

　　西方音樂在作品和理論上，既然大有成就，我們取法西方，發展本國音樂，當然是一條捷徑。可是，誠如您所寫的：「有人說：『音樂是無國界的』。是的，我們身為中國人，可以演奏西洋音樂的作品，也可以欣賞西洋音樂。但是，如果『音樂無國界』意味著我們只需演奏人家的音樂，只需欣賞人家的音樂，只需摹仿人家音樂的話，我是絕對地反對！一萬個不贊同！」

　　您的意見，我是贊同的。音樂的流播，可以無國界，音樂的形式也可以無國界，但是音樂的內容，必須有國界，一定要具有國界的色彩！

　　因此，我認為，我們可以用西洋的和聲，用交響樂的形式，用西洋樂器來演奏，來表現其有中國精神的音樂。以文學的例子說明：林語堂在外國，用外國文寫作，可是他表現的完全是中國的精神真髓。文學有文字上的隔閡，音樂則無。所以我想一切用西洋的方法，來表現中國的色彩是可行的。傳統的音樂既已名存實亡，那麼擺在面前的，是一條全新的創作大道。

　　對於作曲我是外行，不過您曾在所推許的作曲家周文中的一篇〈論東西音樂合流和世界音樂前瞻〉裡，引道：「一件音樂作

品，我認為好像一切藝術品一樣，是作曲者個人的感覺、思想、經驗、信仰的表現。」所以像您一般深悉西洋作曲法的作曲家，用西洋作曲法作曲來表現中國的東西原應無甚問題。所差的就是，個人天份的高低而已。論到形式，完全取法西方會不會失立場，我認為不會。

文化是人類共同的業績，我們在政治上，經濟等各方面，都取材自西方，連形容與內容，可是組成的卻是我們的國家，一切都施之於我們的國度，又因為我們是中國人，自然形成中國色彩，音樂我想也是如此。

論到音樂的內容創造，我知道這是您目前最大的困擾，不但在您在音樂方面，就是文學戲劇繪畫各方面都是如此，大家都感到儘管技巧非常精細，可是內容卻缺乏異常。真的，我巡視各方面的成績，感到他們滯重和刻板得可怕：蒼白、虛偽、做作。

根據前面曾引過周文中的話：「一切藝術作品……是個人感覺、思想、經驗、信仰的表現。」其中信仰，應該是最的大原動力，現在藝術家最缺少的，竟是信仰。

而您很幸運，您有信仰，您的信仰是：要表現中國的音樂，可是您把握不住信仰的正確方向，換句話說您在取材上遭到困難。我願意提供您一個大寶藏的所在。

a.從文學上取材。

在我們過去悠遠的歷史過程中，有很多悲壯的故事，或表現個人的靈智，或表現個人的氣節，或表現過人的英勇。我以為曲調和文學，只是形式和符號上的不同，兩者可以互相翻譯。

我不能欣賞西洋交響樂，但是我從貝多芬的英雄交響曲〈柯奧麗蘭序曲〉的雄壯旋律中，聽到一種桀傲不馴、暴烈雄毅的氣息，後來讀其本事，竟與感受相同。可見個性是可以表現的。既然個性可以，其他各方面也可以了。

b.從民間生活中，具有民族色彩的東西取材。

c.無論建築，信仰，衣著，古跡等各方面亦可。

當然我了解一個中國人在先天性的缺憾，就是思想不夠活潑跳躍，常無法表現一種虛擬的莊嚴瑰麗偉大的想像架構；這就是為什麼我們的民族性缺乏自覺意識的原因。（我不想對此多發議論）

所以我建議，您現在生命已屆成熟時期，如覺創作力如達極限，不妨拋開作曲生涯，專以您目前的地位，全力鼓吹現代音樂。

您的書都缺乏一番系列的理論系統，我希望您能改變寫作方式。

我再建議您，我希望您能常常在報上，以專家的姿態，介紹或評論現代音樂。輿論的宣揚是不可忽視的力量。如此，我們將不再留戀過去的光榮，我們將植根於現在，而結果於未來，終有發煌燦爛的一天。

（二）關於民歌的問題。從前面的問題看，這個問題只是一部分，您認為它是「中國音樂的泉源」當然是對的。但民歌的整理問題在現在很重要。

我在最前面說過，我們的社會心理尚極幼稚，音樂水準普遍低落，所以簡單的旋律大行其道。現在有的是唱歌的地方和人，

而缺少歌調,您既然主持中國民族音樂研究中心,又大量採集過民歌,為什麼不將之整理,(溶入自己的風格吧)出版問世呢?

據我所知「天鳥鳥」和「三聲無奈」就曾大行其道。您為什麼不如此呢?或許染上商業氣息會降低藝術的格調,可是保存又有何意義呢?例如:教書不是為生活又為什麼?我不認為教書先生有一種特別崇高的地位,他和商人無異。

我自幼失學,現在每天必須做八小時的苦力,才能換得一飽,可是我還是關心您的著作,因為音樂能使在人生雜遝詭譎的社會中,受到傷害的人得到甦慰、獲得解脫,所以我冒昧寫信給您就在此啊。因為您在鼓吹音樂!創造新音樂!

# 第三封信(寫於民國五十八年十二月三十一日)

## 我們應該走那條路——論民族音樂的前途

### 楔子

我們要認識過去,把握現在,創造將來。無窮的將來,正由不停的現在帶著悠久的過去,不捨晝夜的在實現。我們不但要認識自己的民族,還要認清世界新的環境,新的問題,才能在新的世界中生存和發展。我們要自尊,卻不能自大;我們要自愛,卻不能自滿。保守之路通到自滅之門!

——羅家倫《新民族觀》

我們要想研究怎樣解決中國的音樂問題，不可不審查我們現在世界上音樂潮流的全面趨勢，然後才能決定我們的路線——相正或相反——才能達到我們的目的。

可是我為什麼要研究「音樂」這個問題？對於音樂——我根本是外行。

但音樂既是最原始的藝術，也是最高深、最淵邃的藝術，它是和我們心靈生活最密切、最息息相關的藝術。當我們對著世界的劫難感到憂傷時，當我們對德與惡底庸俗，鬥爭到疲憊的辰光，到此意志與信仰的海洋中浸潤一下，將可獲得無可言喻的裨益。它分贈我們的是一股勇氣，一種奮鬥底歡樂，一種感到與神同在的醉意。所以我要來討論音樂。

叔本華認為「音樂是最高的藝術」。因為其他的藝術只能表現意象的世界，而音樂則為意志的外射。圖畫所不能傳達的，音樂往往能曲盡其蘊。它的節奏的起伏，音調的宏纖，往往恰合人心精微的變化。個人的性格，民族的特徵以及時代的精神都可以從音樂中窺出。

中國古時掌政教的人，往往於音樂歌謠中，觀民風民俗就是這個道理。所謂：

> 是故志微噍殺之音作，而民思憂。嘽諧慢易，繁文簡節之音作，而民康樂。粗厲猛起，奮末廣賁之音作，而民剛毅。廉直勁正，莊誠之音作，而民肅敬。寬裕肉好，順成和動之音作，而民慈愛。流僻邪散，狄成滌濫之音作，而民淫亂。

我們社會裡流行的音樂，都是泊來品。我們很少幾個人，曾想要擁有我們自己民族的音樂。可是，他們的喊聲，是微弱的喃喃，進行創作的方成是狹小的，所以他們的努力，被外來的音樂抵消了，他們的成績，被盲目的群眾欲求潮所淹沒了。

人家教我們唱變相的沈鬱的，淒涼的日本歌謠，我們就唱。人家讓我們欣賞嘩亂頹廢的美派樂調，我們就一勁兒猛貫。其實那何嘗是真正代表日本精神和美國風格的歌曲？

在西鄉隆盛的故鄉的日本歌，是悲壯的豪屬的；在美國西部大平原上的歌謠，是激奮的活潑的。那才是他們民族精神，民族風格的真正所在。

我們民族莊嚴雄忍的音樂精髓消逝了……。我們聽不到民族心聲的流露，我們在茫亂裡……。憂心如此，我不得不來論民族音樂的前途。

大音樂家莫札特說「音樂是無國界的」。是的，音樂的傳播是無國界的，優美的音樂感動人類的心靈也是沒有國界的。可是我們要明白，音樂作品和其他一切藝術品一樣，是作曲者個人的精神，思想、意志、感情、信仰和經濟，技巧的表現。音樂的創作好比名理範圍裡的由普遍化及抽象化得來的概念。概念隱括諸個別事物的意義，卻不帶個別事物的殊相。

譬如：一曲音節響亮、節奏飛舞的音樂，所表現的只是一種欣喜，煥發的情調。有人聽見它，發生婚禮時的情感。有人聽見它，發生凱旋時的情感。有人聽見它，表現青春的景象。有人聽見它，覺得是描寫少年英雄的豪情勝慨。所以音樂能超越時間空間而永恆的存在。

　　至於音樂的歷史和傳統，那只是天才光芒所照耀的路程，換句話說音樂雖具有普遍性概念，可是音樂登峰造極的境界，絕對需要偉大的天才來創造。有了由盎凡斯人貝多芬自由奔放的天才，所創造音樂光芒，才有孟德爾松，舒曼，布拉姆斯，白遼士、華格納、勃羅格奈，法朗克的音樂世界。有了貝多芬這位音樂大聖，才能有德國，法國……的音樂歷史和傳統。雖然，每個音樂家都有其不同於別人，他國，另一個時代的音樂家生活和思想，環境與性格，自然地表現在藝術創作裡，就與別人，他國，另一個時代的音樂家不同。中國音樂之不同於西洋音樂，就是這個道理。無形中，音樂就有了國境的存在。甚至有地域性的存在。

　　一首南方的詩歌：

　　　　打殺長鳴雞，彈去烏白烏。
　　　　願得連暝不復曙，
　　　　一年都一曉。

　　和一首北方的詩歌

　　　　牧勒川，
　　　　陰山下，
　　　　天似穹廬，籠蓋四野。
　　　　天蒼蒼，地茫茫，風吹草低見牙羊。

此較可以看出中國南方的纖穠柔荏與北方的粗暴豪放的地域性色彩，它們正顯示民族性風格的不同。

　　所以不論技巧典形武如何的相同，最後表現出來的，一定是各民族的色彩。經過民族天才的創造後，逐漸就渲成民族音樂的歷史和傳統。

　　要認清這一點，我們的「國樂」家才不會老是演奏那被抄一襲改編的不倫不類的、「將軍令」、「十面埋伏」、「霓裳羽衣曲」、「平沙落雁」、「春江花月夜」、「梅花三弄」……算來算去不過是二十個曲子的「古樂」，頑固的將它視為神聖的國樂傳統，而洋洋得意的在招待「國賓」的「國宴」上演奏。

　　他們應該學學劉天華的樣子。他改良「國樂」器，介紹古曲，創造新曲。但是我們必需知道，他是採用西洋五線譜來介紹古曲、創作新曲；他是根據西洋小提琴的效能與技術，來改良「胡」琴，創作「胡」琴曲的人。

　　「國樂」在指中國古代樂器的一方面，我們必需嚴格的保存。但是「國樂」在指每一時代的中國音樂的另一方面，我們必需從近代西洋樂器吸收營養，讓它新陳代謝，使它發揚光大國樂的精神。

　　並不是我們應該不應該，或正確不正確的事情，那是當然的，也是自然的趨勢。我們模仿西洋音樂，音樂全盤的西化，採用五線譜與西洋譜與西洋樂器，採用西洋唱歌法與西洋作曲法，甚至醉心唱西洋歌曲，聽西洋交響曲，……。

　　因為人家此我們進步，方法此我們好，作品此我們妙。但是從那裡，必然會有一天，也自然會有一天，聽出不同於西洋人的自己的聲音！這種聲音我們什麼時候才可以聽到呢？

　　寫到這裡，讓我們回頭看看，我們今天的高等音樂學府的專材教育。我要直接援用（其實我本文各處都在援用）一個在高等音樂學府裡底教育者的觀察：

　　　　對於培養演奏人才，我們只教彈、拉、唱；什麼指法，弓法，發聲法；又是那什麼德國指法，法國弓法，意大利唱法；但卻沒有人教為什麼要這樣彈，拉、唱；在什麼地方要採用什麼樣的指法，弓法，發聲法；再進一步說，我們中國人有什麼指法、弓法、發聲法。

對於演奏人才是這樣，對於培養理論作曲和演奏人才又是如何：

　　　　我們也只教他們西洋古典理論作曲法；什麼巴哈的賦格，莫札特的和聲，貝多芬的奏鳴曲，白遼士的管弦樂法；但卻無人教中國的理論作曲是怎樣，或者應該怎樣。更奇異的是，我們的演奏教育裡，沒有內容的演奏法或演唱法課程，而只有師父傳徒弟式的師承法。在我們的理論作曲教育裡，只有西洋理論作曲課程，而沒有中國理論課程。

　　　　在這種音樂教育下的學生，對於「國樂」不用說很陌生。可是最不可原諒的，但也是必然的結果：演奏貝多芬奏鳴曲的人，不能解釋分析，說明所演奏的內容。演唱舒伯特名歌曲的……都是如此。

多麼大的笑話，多麼大的諷刺；演奏或演唱的音樂家都不知道自己在表演的音樂的內容，在台下恭聽的聽眾怎麼能欣賞，怎麼能瞭解他的音樂，怎會向他喝彩呢？

　　由於我們的民族實在沒有產生過賽白斯汀、巴哈、貝多芬、莫扎特這一類天才，而西洋交響樂的出現也不過是最近二百多年的歷史罷了，所以我們沒有像他們這樣進步的理論，樂器，和這樣大氣魄的作品。

　　因此，我們需要現代音樂，只能或者借人家的音樂來充實自己的音樂；或者學人家的來音樂為自己的音樂服務。剛才我雖然激烈地批評了我們高等音樂學府的教育，但我並不反對中國音樂學府裡的教授鋼琴，小提琴，聲樂，理論作曲等。

　　相反地，我認為那是今天中國音樂教育必需的課程目，正確的路線。

　　問題的主要核心是，怎麼樣教它，怎樣教得有意義，怎樣教得使它對自己的音樂有用處，對建設中國音樂有貢獻。這是我們希望教育者和學生警惕的問題，只要內心根深蒂固的存有西洋音樂至上的念頭，我們的民族音樂，就沒有燦爛耀彩的一天。

　　我們也要求社會，不要對他們太苛責，能力以外的事，你、我、他誰都莫辦法。因為音樂天才不是一天能產生的。那必須巍巍乎，煥煥乎，根蒂深植於往昔，而豪放瑰麗的豐富鮮花，才能盛開於今日。

　　我不相信明天的中國音樂仍然是一片沙漠。因為儘管我們的環境惡劣，條件貧窮，問題嚴重，我們至少還有些少數的音樂家在那裡奮鬥，我們更擁有為數不少的誠懇的，年青的，熱愛音樂的聽眾，而且他們正在尋找著苦難的自己的音樂，等待中國文化的開花。今天他們所需要的是，親切的教育，熱烈的鼓勵，正確

的指示；而絕不是惡意的毀謗，悲哀的分裂，空洞的高調；正像沙漠需要灌溉，播種，培養。

但是對於那些要使自己僅懂得一些演奏技巧就 渴望成名，想盡辦法，要讓他出國深造的「天才」兒童音樂家的家長們，我不得不講幾句怪不中聽的話。

家長的熱心，往往會扼殺兒童的音樂生命。無疑的，他們是現在中國音樂家的培養人，他們良妙的音樂環境，正是偉大音樂家誕生的溫床。

但「偉大」的意義常含悲劇的色彩，歷史上偉大藝術家的傳記，就是一部血與淚；神明與魔鬼；理智與情感，道德與信仰的奮鬥史。一顆民族偉大的靈魂必須經過火的冶鍊、冰的霜凍，而不頹倒，才能培養成功的。暖室裡的鮮花，往往經不起暴風雨的摧折。所以心靈的培養，應先重於音樂技巧的訓練！

不要國內來了一個外國音樂家，就急急忙忙的帶著自己的「天才」兒童，請他聽「天才」兒童小提琴家，「天才」聲樂家，「天才」鋼琴家的演奏或演唱……。

過去，現在，將來，我也敢說家長們會這樣幹的。

我們不要讓人家詫異的問：「『天才』一字，在你們中國人裡是指什麼？怎麼可以隨便用它。我們稱巴哈、莫札特、貝多芬、華格納或德布西等，以往大音樂家為天才，但罕有對活著的音樂家稱「天才」。

我再重複一次，心靈的培養應先重於技巧的訓練，否則一切都是枉然的，無用的。

民族意識的覺醒，是二十世紀政治潮流的特徵。因此連帶而來的是，民族各方面的表現都霑染著獨立的民族性。音樂亦是這樣。濃烈民族風格的民族音樂，被全面的熱心的提倡著。

這種潮流又和音樂史上藝術音樂和民謠混合的波濤相激湧，所以顯得非常浩瀚壯觀。現在奧國、德國、法國……的國民小學教科書上，幾乎清一色的是自己國家的民謠，要民族每一份子，從小在自己的民謠環境中長大，然後演奏自己民族的音樂作品，最後創作出自己民族音樂的作品來。匈牙利大音樂家巴爾托克說得好：「音樂藝術，在國際之前，先有國家，在國家之前先有民族。」

近幾年來，我們國內，很有一批青年音樂家，熱心的默默的在進行民謠的採集工作。而他們的努力，也很受到國際上的重視。目前的資料是這樣的：

（一）高山族民謠：住在東部與中央山脈山地的高山族是天生愛好音樂，尤其愛好歌唱的民族，他們都是歌唱的能手，從五、六歲的小孩至七、八十歲的老人，幾乎沒有人不會唱歌。而且歌唱在他們的生活任何部分表現出來，歌唱成為他們生活的重要的要素；這十族群，約有二十萬人的高山族不但有不同的方言的歌詞，而且連歌唱的形式與技巧都不同。

（二）福老系民謠：這一系的首數最少，最沒顯著的地域色彩，當然其獨特的鄉土風味還是有的；特徵是情歌特多，哭調特多，兒歌絕少。我們不難發現文明已使他的氣質變得傭嫻、善感、淒愁，也說明日本歌謠所以大為流行的原因。

（三）客家系民謠：客家民謠的產生情形大體上與稻老民謠相同，而且在內容上有少數民謠是福佬系與客家系共有的，如「桃花過渡」等。但在風格上，客家系民謠卻有其強烈的鄉土性，那完全與福佬系不同的。特別是山歌的。它的唱腔在高亢中稍顯荒涼，有豪狹之氣，其簡單的樂器伴奏，有時與歌調構成多聲的效果。客家山歌無疑是中國土歌謠中最美最有個性的一部分，而且有強烈的藝術性。

這種民謠的收集整理是有極偉大的意義，它使我們瞭解我們精神生活的慰藉，那方面是空虛的，那方面是優美的。使我們澈底明白我們的民族音樂特色是什麼，從而激發熱愛民族的感情，發揚我們民族的榮光。當音樂走到頹廢的路的時候，唯有依靠民謠的氣壯山河的，誠懇樸實的生命力才能挽救，才能復興。有一天，我們中小學音樂課本是根據中國民謠編出來的；我們的藝術歌曲，以及我們的交響樂的大樂章的靈感是得自我們的民謠⋯⋯，那將是中國音樂文化真正復興的一天。

但民謠並不是我們民族音樂的全部。它是地域性的精華，是可愛的，活潑的。但用它來代表浩浩中華，是太狹隘了，太不足道了。我們要藝術的音樂，能夠涵蓋全國性的代表中華的偉大底民族交響樂的大樂章。作為一個中國現代音樂家的立場，他可以發掘，搜集、分析、整理、保存民謠，從工作的結晶獲得感動，鼓勵與靈感，做為創作上內容典技巧的依據，加以發揚光大我們民族音樂的精神。而不能把收集民謠做為全部的音樂生命和事業。

民族大樂的創造者是不世的天才，正因為一闋涵蓋整個民族精神，民族風格的樂章是多未難產。所謂代表中國民族風格民族精神的大樂是有許多條件的，正如賽珍珠說的：它必須坦白無愧，因為真正的中國人是宏偉的人民。宏偉得足以坦白而稱無愧於其生活言行；它必須是敏慧明達，因為中國人底彼此內心靈悟，敏慧明達過於其他民族；它必須是幽默的，因為幽默是中國人民天生的根性，這機敏、愉快、慈和的天性是基於慘愁的經歷和樂天的觀念而產生的；它必須流利恰當而美麗的表現出來，因為中國人常重視精細和恰當的美。」

一顆民族偉大的靈魂是不容易孕育的。他必須有極高的天份，有極奔放的熱情，有酷愛音樂的赤誠，有鐵一般的意志，他從不為環境的困頓和創作上的艱難而沮喪而退縮；他的精神偉大是以保持其純潔而不致迷茫於時代紛擾中；他對我們的文化有極深湛的瞭解；他對我們壯麗的山河有無比的懷念；他對我們的苦難同胞有悲憫的同情；浩浩乎，凜凜乎；品格完美；德性高潔；更重要的他要有野心有毅力成為代表中國的音樂史上的世界性人物。這樣一位民族音樂的造物者，怕不是我們這一代的人，所能等待的了。

您說：如果渴望中國音樂有光明的一天來臨的話，我們的急務是：普及社會音樂教育，增加更多愛好音樂的中國人。創辦從幼稚園到大學一連串的音樂院，聘請第一流的教授（無論中國人或外國人），使有天份的中國兒童，能得培養時機會。設立音樂研究所，研究及整理中國音樂史，讓中國音樂家，瞭解本國音樂

的傳統與背景。設立音樂圖書館，音樂博物館，使所有愛好音樂的人，能得到各方面正確的知識……，我們的急務太多了。

然而，我們這一代音樂工作者任務與成就（假如有的話），恐怕只是在為下一代中國大音樂家的來臨鋪路。這個工作和任務就是我們今天要走的，大家堅忍些，勇敢些，振作些！

我們民族音樂的前途如何？沒有人能回答這個問題。

現在陰霾已遮蔽了整個民族音樂前途的天空，我們此任何時期都需要精神的支持，更需要堅急奮鬥，敢於向神聖挑戰的勇氣！指窮於為薪，火傳也，不知其盡也。

我相信，我們音樂文化最光榮的歷史，還在無窮的未來。只要我們音樂界的人士同心協力來奮鬥，我們的民族大樂仍是有為的。

也許在我們有生之年，就可以看到這種盛況！

夜色漸漸暗了。但在我的心靈中，我彷彿看到我們的民族大樂，像一個剛醒來的巨人，掙脫掉了束縛身上的鎖鍊，擺脫了那偉大的青春，慢慢的挺立起來，睜開他聖明的雙眼，凝視著日正中天的光明。

（本文材料取自下列諸人的作品：羅曼羅蘭、朱光潛、許常惠、林語堂。）

# *2.* 從「王少校」到「水月法師」：

## 記我最初接觸佛教學術的一段因緣

在台灣，我是少數研究中國近世佛教思想史的一個，佛教從傳統的形態走向現代社會的變遷與適應這一主題，一直是我深刻關懷的重點。然而，我會從事這樣的學術研究，卻是一段奇異的因緣而起。如果不是因為和「王俊嶺少校」（水月法師的俗名）認識，也許我的一生可能只是信仰佛教而已，絕不可能日後會從事佛教學術的研究工作。

民國五十五年底，我在台中水湳機場的人事室，遇到了當時官拜「空軍少校」的王俊嶺少校。那時候我的身份是「二等行政兵」，剛從虎尾新兵訓練中心結訓，被分發到台中的水湳機場服務，由於我的字跡端正，富文書經驗，報到時，在第一站「人事室」的第一關：李耀光少校處，即被留了下來。而王俊嶺少校亦在人事室任人事官，所以成了「同事」。

因緣的形成需要薰習，為甚麼我和王少校的認識，會開啟了我日後研究佛教學術的契機呢？因為，那時的我，根本看不出，我有研究佛教學術的可能性。

一直到當兵為止，我正式學歷，只是初中一年肄業。而我對佛教的理解，只是在桃園縣大溪鎮老家，鄰居有人每天

早晚誦經的印象，以及鎮郊東南邊蓮座山觀音亭的禮拜觀音菩薩而已。

幼年時期，家中正廳，貼有南海觀音坐於竹林座上，浮於大海波濤中，善財、玉女分立兩邊蓮花上向觀音菩薩禮拜的畫像。這原是本省北部農家，習見的神畫和關公、土地公、媽祖等，是畫在一起的。

我每天早晚都要燒香，不但成了習慣，而且，的確感到心靈中，有種安定和寧靜的力量。特別是，由於家庭變故，我有一段辛酸和淒苦的童年，當我感受不到家庭的溫暖和遭受鄰人、同學的歧視，心中徬徨無依時，我即到蓮座山觀音亭去禮拜、去聽山下的溪水波濤聲，而獲得苦悶的紓解。

當然像這種信仰方式，是樸素的、感性的、直覺的，雖仍具有生命力和實在的內容，卻於佛教義理的深奧知識，一無所知。關於佛經的梵夾本，在當時，只被視為神桌上的供物，神聖的象徵而已。而其中的文字障礙和傳統信仰加諸其上的崇高、神聖性，使我只能對它膜拜，而不能做知性的理解。

多年後，我在竹北街頭，遇到一個賣水果的婦人，她要我講她常唸的佛經中的道理給她聽，水果免費任我吃，我才知道，在樸實的信仰背後，人類的求知本能，是會探索信仰對象的內涵，不論他是一個學者，或一個鄉下未讀過書的婦人。

但是，要跨越文字的障礙和進入抽象的哲理世界，而能優悠自在，談何容易？這個困難，相信許多開始研究佛教典籍的人，都會面臨到，我也是其中的一個。

　　不過，我終於還是跨進去了！這個關鍵，就是和王少校的一段相處，才正式開啟。否則，我恐怕迄今，心頭仍在懷疑：為甚麼海中的觀音菩薩不會沉下去？他不需要吃飯嗎？……這類可笑，卻百思不得其解的謎題。

　　王少校到底當時告訴了我甚麼樣的佛教義理呢？並沒有。我記得他那時，雖身穿空軍少校官服，卻理個大光頭，有一對濃眉，戴金邊眼鏡，白天上班，精勤治事，效率之高，堪稱室中第一。下班時，則自理伙食、吃齋，並勤奮攻讀佛典，天天記著寫日記。

　　他告訴我，他在研究佛教的「因明」（佛教邏輯學）。但，甚麼是「因明」？我完全不知。

　　我只知道，他提過陳大齊先生的名字和著作，可是我也不知誰是陳大齊，或他寫了甚麼樣的書。

　　不過，為甚麼他會對我提起這些呢？原因是，我好奇的問他。

　　當時，在基地人事部門的同事中，像我這樣的「充員兵」，有五、六個之多，例如當時擔任王少校的助手，就是其中的一個。

　　然而，他們都不像我喜歡讀書。因為我雖已輟學多年，卻仍自修不懈。在當兵那年，我立志當法官，已自修四年的法律課程，並已通過「法院書記官」的資格檢定考試，還報名「文壇函授學校」的課程，練習寫作。

　　因此，我有相當的語文基礎，又是著名的「政治課」考試
的高手。我寫的論文，參加軍官、士官、士兵三級的競賽（軍
官、士官，以他人名義參加），全部同時入選獲獎。以這樣的
顯赫資歷，使我的言行很受矚目。以後我和王少校的談話內
容，會逐漸加深，也應與這一背景有關。

　　但，我日後會從一個初中一年級的肄業者，居然一躍而成為
台灣大學歷史研究所的正式研究生，這當中實有太大的距離。

　　我想，當年軍中的那些同事，不論怎樣富於想像的人，大概
也無法預測，我日後在正式學歷上，會有這樣大的變化出現吧？


　　說來有點不可思議，我當時和王少校的共同話題，其實是
由一位著名的台大歷史研究生──李敖的筆墨官司談起的。

　　當年的李敖，以他的文章熱情和淵博的知識，的確讓社會
上無數的人傾倒。特別是他在《文星雜誌》撰寫，並掀起激烈
筆戰的系列文章，令我初次對中西文化的問題，有了極大的興
趣和思考。

　　由於涉及許多「五四運動」以來的成名學者，而我卻毫無
所知，於是透過王少校之口，我知道了梁漱溟、熊十力、湯用
彤和方東美等學者的名字和著作的名稱，並趁著假日，到台北
市的書店，購買他們的著作。

　　其中，梁漱溟的《東西文化及其哲學》、熊十力的《佛家名相
釋要》和湯用彤的《漢魏兩晉南北朝佛教史》，以及錢穆的《國
史大綱》，便是我接觸中國傳統文化和佛教史的啟蒙課本。

　　王少校雖曾向我介紹了一些它們的背景，但閱讀它們和理解，則靠我自己摸索。所以，我的治佛教史，並無任何的師承可言，直到今日，依然如此。

　　可是，若非當年這位王俊嶺少校，曾提供了一些相關的背景知識，則可以斷定：我少有可能接觸或深入地閱讀它們！這一因緣至關重要，它影響了我日後的整個治學方向。

　　當時，他還介紹我去聽大名鼎鼎的李炳南居士講《金剛經》，地點就在水湳機場附近，一個大稻埕上。

　　當時的聽眾，老少都有，人們就站在圍在四周，聽他坐著講。雖然李居士名氣甚大，王少校提及時，深懷敬意，但我並不欣賞，只聽到一半，當他開始攻擊科學如何、如何時，我就離去。次日，並對王少校表示了我的失望。從此我就踏上自己漫長的自修佛學路途。

　　據說李居士是藍吉富先生，在佛學方面的啟蒙師。我和藍先生很熟，也一向欽佩他，但個人因緣不同，因此影響相異。

　　當時我也曾在軍中，參加隨營的中學教育，但幾個月後，參加考試及格，取得一張初中畢業的同等學力證書。

　　等到我從空軍的三年義務役退伍之後，雖一直在工廠作事，但在三十一歲那年，因家中的弟妹，都已成人，能自立了，我又報名教育廳辦的高中自修學力鑑定考試；及格後，再於同年考入師範大學歷史學系夜間部。從此每天半工半讀，往返奔波於竹北－台北之間，非常辛苦，但五年在學期間，我的學業成績始終保持全班第一名，直到畢業。

　　我後來又考入台灣大學的歷史研究所攻讀。由於想申請
佛學獎學金，所以我從大學二年級時，開始撰寫佛教思想的
論文，而其中的一篇〈楞伽經研究〉，被刊登在《中國佛教》
（第27卷，第6期，一九八三年六月，頁5-13），使「水月法師」
發現了我的名字。到此時為止，我們已將近二十年未曾聯絡了。

　　但，在此之前，我其實曾寫了數封長信，到台中的空軍水湳
基地去詢問，但一無回首。我後來聽說，他在日月潭的某間佛寺
出家。可是告訴我的人，也不敢確定他是否就在日月潭出家。

　　我也曾問別人說：有一個王少校，曾研究因明，出家為法
師，法號不明，但以他的學養，應不會默默無聞才對。可是我
不管如何的努力，一直都查不到他的下落。人海茫茫，如果沒
有正確的尋人資料線索，縱使在像台灣這樣資訊發達的狹小地
區，想要找一個人，也是困難無比！

　　另一方面，「王少校」（水月法師）又是如何找我呢？在
民國七十六年七月十五日出版的《福田》雜誌，曾刊登過這樣
的一則啟事：

### 借郵——致江燦騰居士

燦騰居士惠鑒：台中水湳一別，近二十年未晤，時相懷
念。近幾年想多次音問高山，惜未如願。幾年前，在
《中國佛教》月刊看到你的文章（案：即〈楞伽經研
究〉），深慶舊友，不迷風雨，同履佛法一轍。即去
信該刊主編大德，希望查到你的地址。但未得到片言
回答。因我無藉藉名，沒有受到重視，也是很正常。以

> 後在佛刊上（按：即《獅子吼》），偶見你的報導或文章。怕寫信的我，和前一次遭拒經驗，未敢再探詢尊址。今年春節，在彌勒出版社服務的某師回南度歲，向他提起，希望協助查詢，也無消息。這幾天，我住的茅蓬西閣樓，原存放我一些雜物，因有人要住，需清理出來。不意發現你寫的四封長信，使我再鼓一次勇氣，向《福田》懇借一角。你如看到，請與《福田》雜誌聯絡，好心的編輯，會把消息轉給我。你知道我是誰吧！

可是，在此之前，我根本未見過《福田》雜誌，也無人轉告我，故上面的「啟事」，毫無作用。

又過了幾個月，去年（民國七十六年）年底，一個北台灣細雨霏霏的寒冷夜晚，我家中的電話響起，一個陌生的聲音，從聽筒傳出：問我是否姓江？曾在台中湳當兵？是否認識一個王俊嶺的軍官？我一一答是。

然後，她告訴我：這是台南打來的長途電話，一位法師要和我說話。我一聽：是少校的細緻的聲音！雖隔二十多年，一無改變。

他告訴我：資料是從台南妙心寺探悉的。台南妙心寺有我的檔案，這可能和傳道法師有關，我們曾為佛教百科全書的編輯問題，以及參加「東方宗教討論會」第一屆年會，雙方有數面之緣。

於是，透過這一線索，使我和王少校又聯絡上了。他告訴我：他現在叫「水月法師」，居住在台南市的湛然寺。約定雙

方以後，繼續保持聯絡。而《福田》雜誌上的「啟事」，則是
事後，他寄來給我，才知道的。

　　然而，台南的湛然寺又是怎樣的一座佛教的叢林呢？我一
直沒聽說過。

　　承佛光山寺的星雲法師贈我一本《台灣佛教寺院庵堂總
錄》（高雄：佛光出版社，一九七七年），在第444頁上，有
湛然寺和「聖禾和尚」的簡介──

湛然寺的說明是：

> 湛然寺位於台南市忠義路，緣於民國四十年春，籍隸河
> 北灤縣的慧峯和尚，應台南市佛教界之聘，首次啟建護
> 國息災大法會於竹溪古寺，三日之中，蒞會參拜者，愈
> 十萬眾，極一時之盛。勝會畢，又受聘講經於天壇諸
> 寺，歷二載餘，法緣所成，聽眾發起捐購忠義路三十八
> 巷十二號為弘法道場，稱「湛然精舍」。民國五十六年
> 春，拆除重建為古色古香宮殿式的三樓寺宇，更名為
> 「湛然寺」，構築宏偉，至民國六十二年完成。開山住
> 持的慧峯和尚，即於是年十二月八日，覺滿圓寂。

聖禾和尚的說明是：

> 法號水月。自民國六十三年二月八日選為該寺第二任住
> 持，悉守舊制。覃思因明，講學各校。並經眾議決定，
> 為追念其恩師及達成虎頭埤闢建道場之遺訓，興建「慧
> 峯大師紀念館」一座，供作研究佛學之理想道場。

（77.5.《獅子吼》雜誌）

# *3.* 福田書簡：

## 我早年寫給王俊嶺少校的四封信

### 說明：

這四封信，是我從空軍義務役退伍（一九六九年九月）返鄉後的幾個多月中，陸續寄給當時尚未出家的王俊嶺少校。我沒料到，他在隔年就出家於台南的湛然寺，法名聖禾，外號水月，所以我們長期失聯。但他幾乎每隔二十年，就會有一次試圖要和我取得聯繫，或想將此四封信的內容發表，皆未能如願。

二〇〇五年十月十四日，當時的水月法師年已八十，他認為已無力繼續將此四封信再保存下去，所以在和我連繫之後，又徵得我的同意，便在湛然寺所發行的《福田》月刊上，分成四期等登載全文。

他在〈編者按語〉的後面，還提到：「……承蒙同意發表，充實《福田》。以證一位學者早年自修努力一班。原函一時未能找出，今刊所依，為請人用稿紙抄寫者。大概抄寫時，已準備發表而擱置。」可見，這不是原稿。

此外，在收入本書之前，為了使文意更清楚和更精確，我也對某些含糊的段落和少部分修辭過於誇張的語句，稍作必要的調整、刪改和潤飾，但關於原有的思維觀點和原有的特定情境描述，我則盡量維持當年原貌不變。

（2008.11.14.）

# 第一封信

王先生大鑒：

　　我從空軍退伍（一九六九年九月）返回大溪，已二個月有餘了。

　　時間的飛逝，雖會沖淡人生中一些平凡和無關的瑣碎記憶；然而，某些曾一度在生活上激盪過的往事印象，或曾於心靈上認真深思過的有用智識，反會加深它的影響度和擴充它的感染力。

　　自我認識您以來的不少陳年往事，即因此在我的記憶中，刻劃下清晰而鮮明的紋痕。

　　可以不誇張地說，我確曾多次將其引為開啟我靈智的根源，或促成我在生活上某些重要的轉變。所以，那是屬於一種心靈與生命同時俱長的年輪記號，當然不可能輕易地就被記憶忘卻。

　　並且，縱使不論及這些曾對我啟迪的實質內容為何或促成我生活態度轉變的程度有多大，它都是屬於我過去所經歷的人生中，至為難得且令人愉悅的心智洗滌經驗。

　　也因為這樣，在我從台中空軍基地調到桃園空軍基地氧氣製造場任職的那段歲月，我雖一方面砥礪於自己課業的精進經營，一方面則不斷加深對您的懷念。

　　而當我服完在空軍三年的義務役，要正式退伍的時候，原想趁著辦離開手續的時候，能夠回台中水湳基地，來和您談談。

　　但遺憾的是，我在當天最後，卻沒來得及向您告辭。

　　其實，在我心裡留下遺憾的，並非我在禮儀方面有任何缺失。

您知道的，我一向不重視這些。

而是，我原期待，我在告別整個義務役的軍中生涯時，能再見上您一面，並在向您正式告別後，即可坦然、滿足、且無憾地離去。

可是，當天因您去參與上級召開的工作會報太久，我無法枯等下去，就直接帶著行李搭車返鄉。如此一來，我的返鄉之旅，很可能就是此生和您的永別了。

每一念及此點，我不能不在心底深感遺憾。

但，您和我都知道，我們的交情並不深；我們兩人在生活形式和表現方面，更是截然不同。然而，人與人之間的邂逅，又是那樣地神秘和難以言說。……

回顧我和你的相處時光，前後不過一年多，但正如先前我無預期地被派至台中水湳空軍基地來服勤，因而有幸在人事室報到時就認識您，之後我又再改派往桃園的空軍基地去製造軍用氧氣那樣，就在這去與來的一年多時間裡，卻又出現一些我認為兼有成熟和幼稚、博識和淺知交參、冷寂和熱燥相混的一幅幅複雜但生動的，您與我相處的人生畫像。

可是，在一些可笑的表現和言談裡，卻又呈現著一種對人生莊嚴看待的態樣；或不時為之爆裂出無數的知識火花；而這知識火花，又引燃我這一渾沌及乾燥的靈智之源，並釀成熊熊大火。於是那浩瀚的知識之海，便從此逐漸展露在我的心智之眼的前方……。

這些，就是此刻湧上我腦海的過去印象和對於您的無限感懷。

雖然，到現在為止，我在任何方面，都無卓越出群的表現；甚至我還曾懷疑過自己，是否低能？但是，迄今我仍很感激您，能激發起我在知識領域裡與他人爭雄的野心。

也的確是，由於您的緣故，我才得以提高自己的視野和擴大領悟的範圍。

雖然在書本裡，永遠會充滿諸如新奇、異樣、瑰麗和偉大等各種場景的展現，而為我自幼所喜好。可是，若缺乏高明的嚮導，縱有淵深或高雅的「宗室之美，百官之富」，卻也總不易得其門而入。

當然，若是缺根本乏靈才，或毅力不足，或決心消沮，或環境困阨，也都可使書本裡的高超境界，與其人的心靈完全絕緣，無法感應和共鳴。

另一方面，有時其人，縱能具超人的靈才、毅力、決心和環境等諸有利條件，仍不足以引其邁向真知的坦途。我想，只有趣味，一種發出內心的原動力，才是生生不息的能和力。

在和您接觸的時光中，我的確使自己的興趣，因此而生了根。

有了興趣後，我便自然地在內心裡，營造各種理想清淨的樂土，也忘卻多少在現實人生中曾遭受到的創傷。然後，我覺得自己此後可以永不失望和永不怯懦地生活下去。

當然，在此我若過於強調這些，將會顯得虛偽；可是，若不照實說它，反而故意抑止它，仍舊是虛偽表現。歸根究柢，我必須自承，我若能對您表露一點我的上述心路歷程和相關感受，就是一種莫大的欣悅，從而有一種安寧與自在的快慰萌生。

在別後短暫的歲月中，我已於羅曼羅蘭的書裡，找到了自己所需要的人生信仰；在羅素的書裡，則發現了真知；而從甘地和墨子的著作中，我更歸納了我將遵行的人生觀念和行為原則。「信仰不成為意志、並在行動中實現出來，就不是信仰。」這是托爾斯泰的話。而我也將致力於自己的信仰與理想的實現。

事實上，目前我每天在鐵鎚、機油、馬達、鉗焊互相交雜的工場討生活，已能逐漸領悟到現實的冷酷和艱辛。所以，我已很清楚，理想和現實間的巨大差距，將永遠會是我生活中的衝突焦點。因而，我可以說，在此後已可一目了然的人生經歷中，我其實不需有任何多餘的理論，來詮釋我的行為。

我只是願意禱祝說：我這一生中，都能公正、良善和快樂；但，我更願能和他人一起挺立於暴風雨中，或並肩地在困苦之途一齊奮進。並且，它將成為我的歷史，美學和道德的全部記錄。

這就是我在之前，一直想對您說，卻長期滯留未吐的話。

而當此信，能寄到您的手中時，希望您能同我一樣地歡快和自如，也希望能接到您的回音。

江燦騰 敬上
民國五十八年十一月廿六日 於大溪家中

# 第二封信

俊嶺先生：

一、我前日信寄出後，深怕住址寫錯，而致投遞落失。等收到您回的信後，我的心裡至為暢快。可見切望得償，實為人生愉悅的經驗之滿足。

二、對我來說，從幼稚渾噩和激情不安的精神生活，到成熟開明和逐漸穩定的浩瀚冥想境歷中，我已充分地看到其中的繁奇與華麗無比的景色。

　　這些都是古往今來，無數的智慧人物，以其血和靈，在人類高貴的知識聖地上，栽培起來的。因而，我獲得如下幾個「人有時」的有益經驗，此即：

（一）「人有時」，縱或使迫於現實，不得不梏桎於悲苦的環境內，過著漫長的冷酷且嚴刻的歲月，但其人的精神，仍能是自由和自主的。

（二）「人有時」，能以寂靜的心，神遊於幽微之妙域，並能用清明和超然的態度，來俯觀這華嚴的世界。

（三）「人有時」，也能在心上湧起洶湧的怒濤，並從外在行為上表現出來，以積極和實際的作為，去參與或改造這喧嘩紛擾和迷霧不清的社會。

　　但，不論如何，一個人能若以理智的明晰的態度，去選擇自己合理的生活，那才是人應有的作為。

　　可是，生活在社會裡，人們往往不滿於現實，卻又不得不遷就現實。

因此，「如何」去正確地抉擇現實的問題，確曾一度困擾了我。但，我相信，在未來的生命火花將息之時，我的內心將會很寧靜。因為既已盡了力，最後能夠成就多少？那是任何人都無法逆料的事，所以，我最終的心願是，我只要能擺脫一切，給自己永遠的「休息」機會，就心無遺憾了。

三、從您受教，原是我的心願，「不因形離而疏遠」，亦是我期望的目標。今後若有機會，我會常常向您討教的。希望您永遠像北極星般的，引導我在知識國度裡跋涉的方向。

四、來信提到我的書信，「語句空靈飄浮，無跡可尋」，這也可以說，是我思路紊亂、表現力薄弱的證據。此一毛病，我早已自知，卻又常苦於文意飄浮和全文結構的鬆懈。這應是源自於我不常練習寫作又不得其法的緣故。我很感謝您的賜教以「精書十萬字的經典」這一糾正之法，我如今已在實行中，並以胡適的說理文字為規範。因胡適本人很長於敘理文章，說理暢順有力，文字乾淨明晰，不失為我的好榜樣。

五、至於您邀約我至獅頭山的風景區一遊的事，我欣然同意。但我目前在桃園氧氣廠的作息時間，因老有加班和趕貨的要求，很難事先知道何時能有個人假期，所以須等有確定的放假日之後，屆時我再連絡您。

六、《新唯識論》是講什麼的？熊十力本人一向很輕視西洋哲學家（柏格孫除外），又不滿佛教因明結構的鬆懈，大概是就因明學發抒《新論》罷？其書至今未見，不知何處得以購置？尚有方東美的《人生哲學》和《哲學三慧》兩書，亦不

知何處有售？已找無數書店，皆不曾見。請賜知我從何處能購得以上這些書？

七、法國作家羅曼羅蘭寫的《甘地傳》一書，不知您見過麼？如未見，大眾書局有出版，各書局亦有售。我希望您一看，也許對於瞭解近代印度的狀況會有幫助。

八、以法國作家羅曼羅蘭的作品為中心，我要往上溯讀托爾斯泰，盧梭等人的作品；然後又增讀羅素、房龍、林語堂和胡適等人的作品。我正在找信仰，我要行動，卻少信仰。但是，此事現在已漸有曙光，在我的眼前出現。

燦騰 敬上 民國五十八年十二月十二日 於大溪

# 第三封信

俊嶺先生：

承蒙您在信裡，精細的為我解說熊十力的著作大略，我本想在讀了《十力語要》和《新唯識論》後，將心得寄給您。可是，他的書價都很貴，並且，這兩本書的篇幅，都厚得出奇，大出我預料之外。所以，我在台北市羅斯福路上的廣文書局樓下，只翻了十幾分鐘書就走了。

熊十力所著的那本《新唯識論》一書，的確是很深奧的著作，我當時心裡認為，還是等晚年批評力和學識力成熟之後再印證。

至於《十力語要》一書，我只看了幾則熊氏寫的書信內容。但其中就有一則他關於墨子的看法，和我略有出入。而且，他對

127

於胡適所宣揚的墨學，不無微詞，他甚至連胡適的名字都不願提，但在他的文意中，卻又明顯有暗示出來。

熊氏在態度的嚴正上，當然是夠嚴正了。可是我總覺得過於嚴正的道學味，令人不易親近。在這一點上，我個人以為，還是胡適令人親愛。

至於我前次在信中，所說關於熊十力的話，並非完全猜測。這是從熊氏的弟子居浩然先生來的。他在〈西化與復古〉中的一段說：

> 「熊十力先生的民族主義思想極為顯著，他不但看不起西洋哲學家，而且說我（熊十力）認為西洋哲學家中，唯柏格森其人尚可取，而且看不起佛學的理論結構。」

我的推測錯誤之處，只是關於《新唯識論》一書和因明的關係。可是，這個錯誤，很可能是我從徐復觀的書看來的，但也可能是我自己弄錯了。

話說回來，我現在正處於純理智和激情的年齡，也就是正立足於人生事業的起點。面對這樣大變動的時代，又置身於各種文化和思想的浪潮中，我當然有無限的躊躇。

我不想在一片漆黑和茫然中，跟著時代浪潮隨波逐流。我之所以很欲求有立足和生根的信仰，是為我現在迫切地需要它。

我的勇氣是有的，可是我現在的力量，仍不足以挺身替人家辯護。

一談到我本身論述力量的薄弱，也可以說是，處及我目前最傷感和最無奈的地方。

　　此外，您雖曾提到有關於「政治」的問題，但是我個人並不熱心政治。我對那些活動，一些興頭都沒有。

　　當然，從對《莊子》中之幽玄哲思的領悟，我的確也能因此超脫了一些利與害的得失觀念；可是揮不去，擺不掉的，仍是內心的矛盾。

　　羅素認為米爾頓（《失樂園》的作者）中，最優美的句字是：「……我想我在心靈中，看到一個高貴而有力的民族，像是剛醒的強人那樣，自己站立起來，抖落他身上無敵的鎖鍊，我想我見到他，像鷹鷙般地，擺脫牠偉大的青春，點燃牠的鋒銳的眼睛，凝視著那日正中天的光明。」

　　但是，我有時會莫名淒涼的沉想著，在短暫人生的歷程裡，那些希望終會在失望中結束；有時，卻又不禁地再想，也許一些光輝而莊嚴的事物，會經由它們而傳給後代。

　　我的人生觀點，全都匯聚在此，須能夠瞭解這一點，方能洞悉我生命中的真正世界，也才能為我的所思所為下定義。

　　多年來，我一直神遊於西洋的文學。在中國的古書裡，也找到一些安慰和愉快。每一本書對我，都是新奇美妙的世界。

　　因此，我努力從書本中，獲得勇氣、希望和自由，以及試著決定，我對世界的態度。

　　我認為，羅曼羅蘭其人是近代法蘭西的偉大靈魂，也是歐洲精神的實體象徵。透過他那一生堅忍勇敢的奮鬥，以及在《約翰克利斯朵夫》中，無所不照光明，和三大英雄傳記中對生命的信仰，他所給我的影響是無限的，永久的。靠了他的有力啟

示，我相對地也作了三大決定，也可以說，這就是我此後一生的寫作路線。

我今後想寫的三本書。第一本我想寫關於台灣的；第二本是關大陸的；第三本是關於全亞洲的。

第一本書將以戰後台灣的歷史為骨幹，然後上至鄭成功的建台，下至當代歷史，內容將包括：先民的開發精神、生活和信仰，高山同胞生活的社會世界，太平洋戰爭以及光復後社會的文化、思潮等，各方面的變遷與沿革，都在論述之內。而人格的獨立，人性的尊嚴，生存的意志，是它的主要精髓。因為我是台灣人，所以用它作為對於故鄉的獻禮（案：此一理想的實現，可見之於我和陳正茂教授合著的《新台灣史讀本》一書，二○○八年二月，由三民書局出版）。

而亞洲的題材，將是我理想的最後著力處，但如能夠完成，可能也已快至生命的盡頭了。至於我的能力和際遇，是否能夠完成這些，我永遠不去懷疑。因為不論成功或失敗，我都將全力以赴。

至於，我前面所說熊十力的東西，要到晚年才能印證（按：我是直到四十幾歲，才撰寫〈呂澂與熊十力論學函稿評議〉的長文，嚴厲批判熊十力的諸多論學缺失，而被兩岸的學界高度肯定），也就是到那時才用得著。我希望遲至三十歲時，能將關於台灣的部分完成（按：我實際上是在五十歲以後，才實現此心願的，但其成效並不差）。您可否願意幫助我。

晚　燦騰敬上
民國五十八年十二月二十五日 於大溪

# 第四封信

俊嶺先生：

（一）最近購到胡適的雜文、人物、日記、政論、演說、文選各一，係一紅皮封面，由一無名的出版社印售。

此外，方東美的《科學哲學與人生》和《哲學三慧》兩書，我已購得。

《科學哲學與人生》可稱為西洋哲學批評史。雖然其中論及希臘哲學，也兼敘其他哲學，然西洋哲學批評史一詞，正可以涵蓋其全書精華。

《哲學三慧》則前時已看過。居浩然先生說得不錯，方東美先生的很多觀念，可說是從梁漱溟先生處來的。我看了《東西文化及其哲學》後，愈加相信。不過，也不能說是梁氏的，只能說是梁氏書中的，因為梁氏書中，別人的成份也不少。

方先生的文章很美，但最使我感到驚異的是，中國字，特別是正楷字一放大，真是精麗極了，《科學哲學與人生》一書的印刷就是如此。但憑良心說，我只領會了方氏文義的十之一二而已，因為在他過於華麗的辭藻下，我找不著頭緒。最使我不解的，歌德的《浮士德》，真是方氏所解釋的那樣嗎？我很懷疑，方氏是否瞭解《浮士德》。

此外，我還購了蔣夢麟著的《西潮》，趙楊步偉著的《一個女人的自傳》，胡適寫的《丁文江這個人》，賽珍

珠的中國三部曲（《大地》、《兒子們》、《全家》），
《台灣風土誌》，《山地風俗沿革》，朱光潛的《變態心
理學》，胡適的《戴東源哲學》。這些書都是工具書，準
備日後寫小說時用的，但大多還沒看。

　　我也買了傑克倫敦的《野性的呼喚》，卡萊爾的《英
雄與英崇拜》一書的英文本。我真可說是，很瞭解卡萊爾
的人和書。大概是他的英雄氣質和羅曼羅蘭很相近吧。

（二）我在台中時，曾在綜合大樓的書店裡，看到有《傅斯年選
　　　集》的文星版出售，當時因沒錢所以沒買。如今我很想
　　　買，但現在不曉得賣光了沒？您可否去看看，要是有全
　　　部，或只剩幾本，都沒關係，每樣都買一本。然後，請您
　　　寫信告訴我多少錢，我會馬上將錢匯來給您，您再把書寄
　　　來給我。

（三）我這裡是從二月四日，放假到十日。您希望什麼時候到獅
　　　頭山？請您來信連絡。


　　　敬祝
　快樂

　　　　　　　　　　　　　　　　　　　　　弟
　　　　　　　　　　　　　　　　　江燦騰　敬上
　　　　　　　　　　　民國五十九年一月廿七日　寫於桃園氧氣廠

# *4.* 情書精選：

## 我婚前寫給愛妻的二封信

**說明：**

　　我個人生平談過幾次沒有結果的戀愛，退過一次婚，也寫過許多情書，可是都不曾留下底稿，所以也無從回頭檢視，當年自己的真正內心感受是什麼？

　　其實，那是耗盡我青春期最多心血的寫作結晶，卻宛若化為歷史塵埃的虛幻心影，再無重睹其真面目之一日。生命的無常感，在此件事情上，讓我感受得特別強烈。

　　至於此處的二封信，則是由我的妻子許麗霞女士設法保留下來的，非常能反映我們婚前的情感和思念的實際狀況，所以我毫無保留地將其納入本書，以作為回憶往事之珍貴紀念物。

## 第一封信

霞：

　　每次寫信給妳時，心裡就興奮得不得了，心跳的速度，也突然加快起來；在寫信時，我雖然比較不會，像在妳面前時那樣，有時會感到緊張。但是，想到要將內心的秘密和快樂，悉數傾吐出來，讓妳一個字、一個字的去讀它，還是會有點不好意思。

不過，這一點興奮的感覺，卻由於心裡稍帶緊張，而逐漸增強，變得更濃烈，更鮮明，和更令我難以忘懷！

因此，每一封信裡，都載滿了我心頭的喜悅感奮，我的纏綿慕情，甚至，我的輕愁哀傷，我都毫不加掩飾的，用一種比平時寫文章更細膩的筆法，來極力描寫刻畫這些曲折的感受，而在這種描寫刻畫的過程中，使我能纖細不遺地，體會到最純粹的真愛滋味。

在前二封信裡，我所寫給妳的，每一封信的內容和當時的心情，都宛若是在一種極端狂熱的歡樂中，如夏季暴雨那樣驟然傾瀉而出，文字的措辭，顯得太光耀，太強烈。

但，那樣的信，通常是寫不出來的，只有在一種特殊的情況下，即心靈受到強烈的衝擊時，方能寫出那樣的信。現在，我已逐漸感到我們感情在滋長，心靈的默契，也更親密了。

在這種情況下，我喜歡用一種比較優雅親切，和自然一點的筆調，來輕輕地對妳訴說，讓妳在讀它時，彷彿看到潔淨的泉水，在溪澗的砂礫中淙淙奔流，可愛的陽光照耀著，清晨的柔風在峽谷間輕吹著，孤拔峻嶺的山嶺長滿了濃密的樹叢，大自然的風光讓人陶醉。

但願，我文字的熟鍊和技巧的精純，能達到我上述自我期許的動人效果。

我們的這次約會，實在美妙極了。我敢說，所謂人生當中的幸福時光，能較這兩天所感受到的更幸福，是絕對不可能的。

所謂幸福，我認為就是指一種心靈圓滿和諧靜穆的狀態。在這種狀態中，唯一能察覺的是，默默的、淡淡的，卻又晶瑩剔透無比的愛的喜悅。

　　換句話說，這種喜悅並非急驟地漲落的那種，那種太強烈了，容易讓人醉倒，也容易讓人頭痛。

　　但是，我所說的這種淡淡的默默的愛的喜悅，宛如蘭花的幽香那樣，在寧靜的空氣中，若有似無地輕輕流動，四處飄散，使各處都染上淡淡的清香，彷彿無所不在，無遠弗屆。然而，如果我們把鼻子，湊近蘭花去猛力一吸，就會很奇怪地發現，那一縷幽香，居然都聞不到了。

　　不錯，「王者之香」的蘭花，就是有這種高貴的氣質。它是自然中的傑作不允許俗人褻玩，它也彷彿代表了人類心靈的某一種崇高神聖的境界，因此只有在一種很真誠、很自然的狀況下，才可以感覺到它的存在。這種境界，就是我所謂幸福的時光。

　　星期六晚上在台北街頭，星期日白天在烏來山中，晚上在咖啡廳裡，甚至在中山堂旁邊的水泥路上，妳的笑容就像蘭花的幽香一般，那樣的純潔和可愛，使我頓然將心頭的憂鬱，一掃而空，感到無限的幸福，充滿愛的喜悅。

　　當然，我也記得星期六的晚上，我們道別後，半夜裡，兩個人都失眠了，以致第二天到烏來時，感到人較累。然而，星期六的晚上：中華民國六十六年八月二十七日，農曆的七月十三日晚上，妳終於點頭「初步答允」，願意終身和我共相廝守。這是我們生命歷程中，劃時代的大事。在此神聖時刻，我迎接了妳未來的一切，將兩個人的命運，緊緊連鎖在一起了。

　　婚姻是何等神聖的事。它一方面，是為了延續我們後代生命——幾億年來，生命的血脈，就是這樣繁衍下來的。在另一方

面，我們活於世上的百年光陰，是由於有婚姻的聯繫，於是才有生活的內容，才有生命的意義。

我個人認為，所謂幸福，就是婚姻完美的代名詞。否則，一個被世人遺棄、或自我放逐、或離群索居的乖離者，除了忍受寂寞的痛苦煎熬而外，又有何幸福可言？

由此可見婚姻——美滿的婚姻，對人的一生的重要性。

而我說，取「霞」妳為妻，實在是一件既神聖、光榮，卻又嚴肅、沈重的負擔。而今而後，我將要如何努力，方能使妳感到幸福？而今而後，我要怎樣開創兩個人的命運？而今而後，在百年偕老時，不帶有虛度此生的感慨？……

凡此種種一一都盤纏在我的心胸上，使我敢不發奮自強，努力用功！

並且，我隨時要惕勵自己，必須時時慎言謹行，以免使美滿的婚姻，瀕臨破滅，或毀於一旦。

雖然每天的歲月都在飛逝中，但是我們共同在一起生活的日子，將會很快的到來。所以我現在已在滿懷歡欣地期待了。

我願禱告上天，今後，我的一言一行，都不要違背良知道德，並且除了眷愛我的妻子，創造家庭的溫馨與安寧外，還能關懷世上的許多不幸者。

我認為只有我們真正去愛別人時，別人才能感受到我們的關懷。也唯有人與人能互相關懷，一個社會才能具有人情味和溫暖。

我也希望我有開闊的胸襟，來接納別人的不同的想法和意見。

　　我相信：當一個人已能赤誠的實踐了上面的這些心願時，上天一定會賜福給他，他的妻子也會愛他，他的鄰人更會讚美他。……以上這些，就是星期六晚上，我在「寶島賓館」的套房中，沉思了幾個鐘頭後的一點心得。

　　我其實只是一個很平凡的人。但我相信一個平凡的人，同樣可以用愛心去愛別人，同樣可以讀很多書，為社會做很多事。

　　而一個平凡的人，「如果」別人在最後關頭，拒絕了他，而選擇了別人，那麼他也不用怨嘆。因為他終究是一個平凡人物啊！（此處請勿誤解為我對妳沒信心）

　　我的信越寫越長，好像沒有重點。但是，信中包涵的是哪些感情？妳應該是一目了然的。

　　我們之前的烏來之行，我不擬在此處，詳加描寫。我寧可在三年以後，當我開始寫小說時，再細細地刻畫它。我說過，我不願忘記的事，無論如何，都不可能被忘記。

　　此刻在這裡，我再加上一句，我不願忘記的事，我一定會將它寫出來，只是時間上有早晚而已。

　　好了，霞，這封信就寫到這裡，下封信再談。

　　　祝妳

精神愉快

　　　　　　　　　　　　　　　　　　　　　　燦騰
　　　　　　　　　　　　　　　　　　66.8.29 於竹北

ps. 因為功課忙，我寫信時，沒打草稿，想到哪裡，就寫到哪裡。萬一有錯字，或語意不完整的地方，妳從上下文對照一下，大概就明白了。（騰附註）

# 第二封信

霞：

以為這兩天會接到你的信，結果沒有，心裡好失望。我想，大概妳很忙，或則妳偷懶，或則我上一封信所寫的，妳看了不滿意。但是，妳可以告訴我，隨便寫幾個字也可以。拜託啦，寫信給我好嗎？

星期三下午，我曾回大溪家裡，和淑媛及媽媽，談了一些話。二哥已把錢拿回家了，先拿五萬，下次再拿五萬。我已把錢存入郵局。

在公司方面，我也把一切積蓄都準備好了。現在，萬事具備，只欠東風——新娘子，妳不會讓我失望吧？

我家裡的人都喜歡妳，而我媽媽講得更清楚，她說：一切都是次要的，唯有兩個人結婚後，能恩愛美滿，才是最重要的；其他方面，她沒意見。

烏來之行的彩色照片，已沖洗好了，效果不錯，鏡頭極美，妳看了一定會喜歡。等星期日見面時，再拿給妳看。

林先生和邱小姐他們的照片，我亦已於星期三中午，用掛號寄到台中林先生的家。他們的也很漂亮。

所有的這些，都是值得令人珍惜的回憶鏡頭。可惜的是，我的鬍子青青的，使畫面帶者粗獷的味道。如果鬍子刮乾淨，那就更棒了。

　　想著未來的日子，我又高興，又擔心。高興的是，妳將成為我夢想已久而一旦來臨的新娘。擔心的是，事情是否能一帆風順呢？

　　另一方面，我已經漸漸鎮定下來了。我在初期情緒的不穩定後，開始能適應因妳而產生的感情衝擊。冷靜的注視著未來，仔細的考慮一切即將或可能發生的事。那麼一旦任何變動來臨，我就不會驚慌失措，而能迅速果斷地處置之。

　　我對自己說：我是經過不少大風大浪的人啦，在心智方面，不要有任何欠冷靜，和欠成熟的地方。大丈夫男子漢，凡事應該提的起，放的下；愛你所當愛的，離開你所不當愛的。如果沒有這樣的覺悟，這一生不會有出人頭地的可能。.

　　寫到這裡，我應該說：「霞，不要辜負我，無論如何，我是那樣誠懇，那樣熱烈的在愛著妳啊！」

　　事情越接近成熟的階段，越要戒慎恐懼，凝視著一切。這種患得患失的心裡，正足以顯出，我對我們這一份感情的重視。如果不這樣，又從何證明我對妳的戀慕之濃之深呢？


但願——

　　　　　祝

愉快


　　　　　　　　　　　　　　　　　　　　　　燦騰

　　　　　　　　　　　　　　　　　　　　　66.9.1

p.s.不要忘了星期日之約

第三輯

青春自學篇文選

# *1.* 讀托爾斯泰的《戰爭與和平》：

## 談《戰爭與和平》一書中的寫作觀念和論文的問題

**說明：**

　　這是我自修世界文學之後的第一篇書評，如今已想不出當年為何有如此的勇氣，敢於挑戰如此高難度的文學課題。但，執筆之際，卻是自信滿滿的。並且我第一次看到英國思想家柏林論托爾斯泰的高明論文，已是在我寫此文之後，又過四分之一世紀的漫長歲月了，所以我覺得自己當年還是不會太差勁。因此特收錄於本書中，以為紀念！

（2008.11.19.作者補註於北投客居）

　　《戰爭與和平》是俄國文豪托爾斯泰畢生最偉大的著作。這是一本劃時代的巨構，描寫拿破崙征俄時，俄國社會的變動和英勇抗法的故事，書裡有整個世界無數的人物與熱情在其中躍動，能使我們窺見托爾斯泰畢的偉大文學藝術，並感受到永恒法則的靜寂，與命運氣息強有力的節奏。

　　批評家們認為，本書是小說的藝術的登峰造極之作，使後來的小說家難乎為繼。德國近代最傑出的小說家湯瑪斯曼

（一九二九年諾貝爾文學獎的得主），在一本書裡，甚至把托爾斯泰比做「神」。這真是文學家的最高榮譽。

托爾斯泰當公元一八二八年，出生於莫斯科南面約一百英里的一個田莊上。他是個世襲的伯爵，可是自幼即是不幸的孤兒。

十五歲時進喀山大學讀書，成績平庸，生活浪漫，又因不滿意校中課程，就藉病離開了這個學校。回鄉後經營田產，希望改善農民生活，但農民對他的誠意抱著懷疑之心，於是二十三歲時到高加索入砲兵隊，次年（一八五一年）當見習官，同年發表了處女作《幼年》。

一八五三年俄帝尼克拉第一次以保護耶路撒冷希臘正教為名，對土耳其開戰，釀成了克里米亞戰爭。一八五四年他就參加克里米亞戰爭，當一個炮兵軍官，在這戰爭中他曾參加過賽發斯托波爾防禦戰，在其期間他連續寫出《高加索紀事》、《青年時代》、《一八五四年十二月之賽發斯托波爾防禦》等轟動文壇的優秀作品。

戰後，他遍遊西歐各國，考察文教制度與哲學思想，返國後在故鄉建設學校，教育農民。一八六二年結婚，妻子蘇菲亞賢淑聰慧，不但治理家務，還幫助丈夫的文學創作。婚後生活美滿精神愉快，於是開始寫作這部不朽的傑作《戰爭與和平》，一直到一八六九年十一月，方才完成，前後費了六年之久。

此後又寫了《安娜·卡列尼娜》、《復活》等不朽鉅著。

但他約從五十一歲開始，他在心靈上和思想上發生大轉變，（這是青年時就發生的精神上底狂熱。）於是他叛離俄國

正教，擁護一種原始的基督教思想，反對教會組織，牧師制度和一切儀式，主張直接效法耶穌基督的榜樣。

他認為最要緊的是人類應該相愛，他甚至把家庭分掉和農夫一起下田，以實踐道理。因此晚年他的作品大都表揚他的宗教精神和人道主義的思想。

雖然他被俄國正教開除會籍，許多論文被沙皇查禁，但他不在乎，他已贏得了國際聲譽。在文學史上，托爾斯泰往往被看作最偉大的俄國小說家。

關於《戰爭與和平》這本書的寫作方式和歷史哲學的論敘，在過去引起很多批評，是對事錯，我想加以澄清一番。

我讀本書有二十遍之多，每一次都帶給我一種深刻難諭的神祕感受，在我生活暗澹心靈虛寂時，書中的人物和智慧的語花往往宛如一闋雄壯的交響樂，從心底響起，傾刻之間，我跟書裡的人物合而為一，於是寂寞遠颺，而歡樂復臨。我在研讀本書並加以評論時，我是充滿著感情和偏愛的。但我希望在落筆時力求公正和客觀。

什麼是《戰爭與和平》？在本書出版時，托爾斯泰層應刊物編輯的要求，對自己的傑作說幾句話，他說：「這本書不是小說，也不是詩，不是歷史。」

他知道，很多人像自然主義派大文豪福樓拜一樣，認為整部書中和諧而完美的詩意氣氛，被不斷反覆的哲學嘮叨所影響，為之減色不小（托爾斯泰原意要發表他的歷史定命論，自第三冊起，以論文的方式再三的陳說）。福樓拜在一八八〇

年正月，致書屠格涅夫表示，他對《戰爭與和平》這本書的感想，說他在讀最初第二冊時，「大為嘆賞」，認為是「崇高精妙」的，充滿著「莎士比亞式的成份」，但是到了第三冊時，因為托爾斯泰重複不斷儘作哲學式的說話，所以他厭倦到把書丟了說：「他可憐地，往下墮落！」

對於類似這樣的看法，托爾斯泰毫不客氣的反駁說：「假如是故意的話，假如是沒有前例的話，藝術作品而不用傳統的形式，那末似乎是狂妄了。但自從普希金時代以來，俄國文學不但有了許多背離歐洲形式的例子，而且沒有一個不是相反的例子。從果戈里的《死靈魂》到陀斯妥也夫斯基的《死屋手記》，在最近期間的俄國文學中，沒有一種散文藝術作品完全合乎小說的，合乎史詩的，或合乎故事形式的。」

托氏在這裡，不但替自己辯白，而且等於宣告俄國文學的獨立。後來俄國文學的另一偉大鉅著《卡拉馬助夫的兄弟們》也是合哲學和文學為一體。

不但如此，福樓拜的同國人，一九一五年諾貝爾文學獎的得主羅曼羅蘭，在寫他那部不朽的英雄大樂《約翰克利斯朵夫》時，竟也效法托爾斯泰的先例呢。

我第一次看到《戰爭與和平》這本書的題目時，真是感奮莫名。因為多年來，《戰爭與和平》的哲學上問題，已經困擾了我，使我為之沉思不已，為之殫精竭慮：而剛初步獲得結論時，剛好托氏的書，以文學來表現歷史哲學的書，落到我的手裡。我讀著書中的每一情節，也沒有放過任何一篇論文。

我對書中的大部觀點都能同意，從而托氏的全部藝術奧秘，便暴露在我面前了。於是我一遍又一遍的研讀，還將感想寫出來。

像《戰爭與和平》這樣偉大深奧的作品，當然蘊蓄著作者本身精妙的藝術才華和深邃的哲學思想。我們看托爾斯泰選擇拿破崙征俄的故事，作為描寫「戰爭與和平」的題材，就是一種挑戰的大膽和聰明的舉動。將劃時代的歷史事件，取做作品的背景，當然是最聰明的辦法。

因為歷史事件本身就是一個不朽的事跡。困難的是怎樣去描寫他心目中的歷史事件。寫作時的中心觀點，即決定作品的深度和廣度。我所說的就是作家腦海中，所要表現在作品中的人生觀和宇宙觀。一個偉大的藝術家是萬人的靈魂，他的藝術品對任何地方，任何時代的人，都能產生強烈的感染性，泯合藝術家和欣賞者的界限，使人覺得我就是作品裡所表現的東西。所以最具普遍性的藝術品，最能獲得成功。

在我們的人性中，各種慾望和理想是數不盡的，但是希望原真，原善，原美的天性大家都是一致的。凡是古今中外的偉大藝術品，所表現的，所涵蘊的，就是這三種東西。

我們以下試著從《戰爭與和平》中來看，托爾斯泰是怎樣的表達，或是怎樣的想表達這三件東西，而成為小說藝術品的登峰造極之作。

誠如托氏言，《戰爭與和平》「這本書不是小說，也不是詩，不是歷史」。這是作者用這書現有的形式，想要表現一些

東西，或能夠表現一些東西。但由於書中的故事是那麼美妙，以致於我和大家一樣，把它歸類為小說作品。

公元一九○○年瑞典皇家學會，決定避開受爭論的托爾斯泰，而把首屆諾貝爾文學獎頒給蒲魯東。但那時托氏的聲望是舉世無雙的，無人可比；並且《戰爭與和平》的藝術已被公認。所以缺少這一點人世的虛榮，一點都不影響托氏的不朽聲名和其文學的普遍性。

威臨十九世紀全部小說界的《戰爭與和平》，一如十八世紀歌德的《浮士德》，永遠是人類心靈藝術光明的里程碑，聳立在一切時代的高峯，沐浴著永恆的光芒。《戰爭與和平》一書，是有這種大自然般，「原真」、「原善」、「原美」的意義的。

我們須知「戰爭」與「和平」，原是人類生活的兩大主要的進步動力。任何民族的初期，都是在戰爭中成長，於是戰雲又開始從天邊油然而生，兵慌馬亂的年歲又再來臨……。

所以，在世界歷史中，「戰爭」的烽火是永不熄滅的，而「和平」的希望也永遠為人類所追求。

一個偉大的藝術家將發現：「永恆的和平」是不可能的，好像我們的生存，一定要奮鬥一樣，幸福的歲月，往往是衰敗的前兆，在沒有衝突而和諧的時代，歷史上就會留下一片空白。

我們不要感嘆人類的不相容，自由的觀念中就含有火爆的種子。

從殘酷的觀點來看，戰爭仍舊是最偉大的「淨化者」，可以使在長久和平下的人類，走上倫理的健康之路，像海風，把

長時間積存在平穩海面上的穢物一掃而空。沒有戰爭，人類精神本質的崇高力量，必將萎縮。而一個長久和平的民族，也必然在其自詡的孤立中退化，終於難逃滅亡的命運。

當然，戰爭是痛苦的，但無法避免，並且人類和萬物一樣，都因為戰爭才能更生、更新。法國大革命是人類自覺運動的一件驚天動地的大事，但什麼是革命呢？所謂革命的定義是「一種急劇的破壞，在短短的幾年內，將歷經幾千年根深蒂固的積重難移，甚至連最熱心的改革者，亦不敢以文字，加以攻擊的制度，予以徹底推翻」之謂。

也就是說，革命的結果，將使前此構成一個民族的社會生活、宗教生活、政治生活及經濟生活的精華，在短短的時間裡，破碎無遺。

革命的原因何在？為什麼要革命？法國大革命的目的在向全球揭示了自由、平等、博愛三原則。

可是，托爾斯泰反問道：

「無數的人互相打著仗並殺死了五十萬人，這種事件的原因當然不能夠是一個人的意志。正如同一個人不能夠把山夷平一樣，沒有一個人能夠使五十萬人死去。但原因是什麼呢？……為什麼無數的人要開始互相屠殺？誰要他們去做呢？而且似乎是每個人都明白，這件事不能夠對他們任何人有益，卻對他們全體有害的，但為什麼要做呢？」

然後，托爾斯泰才下結論說：

「自從世界開始以來，人們就知道這樣做，是身體上和道德上都不好的，但是為什麼無數的人要互相屠殺呢？因為這是

一種不可避免的需要，也就是當做這件事的時候，人們遵奉了基本的動物原則，這原則是蜂子在秋天互相屠殺時所遵奉的，要使陽性動物互相毀滅。對那個可怕得問題，我們不能做別的回答。……」

托氏的觀點裡，我們前面的結論又得到一次證明。

對於這一切的一切將來的演變是怎樣呢？我自己原有一些片斷的概念，但我寧引用托爾斯泰在本書中的收場畫裡所寫的，作為結語：

「七年過去了。波濤洶湧的歐洲歷史海洋在自己的海岸消退了，而且是安靜了。但那些推動人類的神秘力量（所謂神秘是因為推動人類運動的法則是人們所不知道的）仍然繼續活動著。

「雖然歷史海洋的表面似乎不運動，但是人類卻像時間運動那樣地在運動著；各種人群團體的組成和解體，國家的形成和瓦解，以及民族的遷移，都在準備的過程中。……」

新陳代謝的作用在歷史上從未停止，往往兵連禍結的時代過後，歌舞昇平的時代就跟著來臨；最猛烈的炮火下總有生還的勇士，最混亂最穢濁的地方就有鮮艷的花朵在探頭出來。

法國大革命展開人類史上最驚心動人的一頁，一個古老的社會崩潰了，一個新的社會在蘊釀中。民主和專制的搏鬥方終，社會主義的殉難生活已經開始。

人類幾曾在短短的百年過那麼長的路！真是波瀾壯濶、峯巒重疊的旅程。

雖然托爾斯泰看不到人類史上最大的第二次世界大戰。但是在他書裡的論文已經對「積極欲求融合，而又投入永遠波濤萬丈、無邊無涯的善惡大洋中」的人類命運發出悲嘆。

托爾斯泰喊到：「世人常在這永遠衝擊、無涯無際的善惡混沌內作了隔板，而在這海洋中劃一假想的界限裡，並期望這海洋能按自己劃定的界限來區分。……有謂文明是善，野蠻是惡；自由是善，奴役是惡。這種假想知識常使人類本能的、根源的、純潔的努力全部落空……。」

他繼續說：「至上者從燦爛光彩所包圍的無限高處俯視，並玩弄著無限之調和。你們都在其中，都在永恆的矛盾中蠢動。」

高爾基有一天看到托爾斯泰，獨個兒坐在海邊，「用掌支撐著頭，讓風吹拂著從指間溢出的銀色腮鬍，他坐著。他遠遠地眺望著海濤，綠波平穩的湧來又退去，沖洗著他的跣足，簡直像對老魔術師，說些有關自己的故事一樣。……他知道森羅萬象的發源與終結，他看來像具有生命力的古怪岩石，這岩石知道，大地上的草木、海水、岩石，以及從砂粒到太陽的整個宇宙將在何時終結。海是他靈魂的一部分，他周圍的一切都依存他，又由他來。在這位凝然不動的老翁暝想裡，讓人感覺到一些命運、魔力的東西。」

高爾基說，「在那瞬間，我感覺到的，已非筆墨所能盡述。我心裡覺得懌悅和恐怖。但不久，一切均已溶進唯一純淨的感情裡。『只要這個人活在世上，我就不會孤獨。』」於

是，高爾基便不願打動砂石，妨害老人的暝想，「頂著腳，輕輕地」退到遠方去。

關於這件事，湯瑪斯·曼說：

「托爾斯泰的這種偉大與孤獨，乃是超越人類學養界的東西，也是原始異教徒的粗暴物。在這種偉大與孤獨中，缺乏人文主義的人性要素。這個老人坐在遠恆的海邊，潛思萬物終始，無事不知、無事不曉地，沉溺於暝想中，他的這種姿態，將喚醒人類誕生以前可帕微明的感情世界，以及自語和古代文學的世界。

「他所想的，大概是夜深人靜時，命運女神向你說的。傳說中的巨人安泰歐斯，一用身體接觸大地，大地之母就給他新的力量，從未失敗過。《戰爭與和平》的著者，在贖罪的《懺悔錄》中，觸及大地時，就會顯示出最吃熱的感性；當他為倫理所拘束時，他就用一種活力與新鮮，浸淫著乾燥無味而混亂的語言，於是，任何人都無法在他面前反抗。致令屠格涅夫說：『若叫人描寫一切根源的東西，描寫地方、以及狩獵，夜裡行舟，找遍歐洲，也無人能出托爾斯泰之右。』

就是這樣一個近乎神性的天才，為我們寫下現在的《伊利亞德》般劃時代的史詩《戰爭與和平》，為我們表達了全人類在永恆的宿命中活動的觀念。這個觀念籠罩著《戰爭與和平》全書的寫作過程。

托爾斯泰曾反對用論文的方式在書中說明。雖然和其他類似的問題一樣，托氏也不能對歷史事件的真正原因下結論，

（那是宇宙的秘密，但著者已就人類智慧的最高限度表達了。
都邁入另一個境界。

也許一般讀者或批評家，不喜歡這些論文，往往在頭痛之
餘採用「跳讀」的方式，略去不讀。我認為這種欣賞方式是不
對的，尤其不能像福樓拜那樣，指為托氏作品的缺點。

在藝術上的觀點不同，那是可能的，托爾斯泰生前對陀斯
朵也夫斯基，一點也不關心，雖然陀氏曾大大讚美托爾斯泰的
《安娜・卡列尼娜》。但陀氏死後，托爾斯泰在給陀氏傳記作
者史特拉霍史的信中，竟把陀氏比作一匹馬，這樣寫道：

「這匹馬非常棒，要值一千盧布，但突然演出「不良於
行」，跛了。結果，這匹美麗強壯的馬連二個克羅仙都不值
了。活的越久，我越喜歡沒有跛腳的人。」但這個馬的哲學，
對《卡拉馬助夫的兄弟們》的作者，看來未必得當。

我們國內的批評家往往採用福樓拜的觀點，我勸他們也應
該注意托氏本人，批評自然主派的作品「過分寫實，往往分散
了讀者的注意力」，是因為什麼緣故的。

其實托氏的文學特長，在於觀點和分析，而不注意瑣細的
寫實，所以在《戰爭與和平》中，宛如偉大的交響樂一樣，將
形形色色的現象交織在一起，不為主題（因為主題就是作品本
身）而為作品的完美和和諧而統一。《戰爭與和平》的藝術效
果是由這樣才能成功的。

要知道，《戰爭與和平》是描寫拿破崙爭俄的故事，但無
論怎樣偉大的天才，都不能把整個戰爭，有頭有尾的整個大動
作全部寫在小說裡。

因為，這樣做起來，對象太浩瀚了，勉強的把這些東西綜合一個小範圍內，則在描寫上的對象太多，能力上做不到不說，欣賞的人也會捉摸不定的。

因此，最好的辦法就是挑了這個戰爭的「點」，然後其他的事可以作為插曲，附麗在這條線索上，一個一個介紹給讀者。只有這個辦法，才能使作品，顯得情節富變化，且又進行十分順利。

而論文除了引導作品的主題外，在《戰爭與和平》這本書中，論文的反覆出現，更帶來濃麗的暗影效果，使正文向浮雕一般的顯現出來，增強了畫面的清晰，和藝術上的奧涵性。

不然的話，從書中剔去論文，對書中的故事，也不會發生中斷的現象。托氏更不必費心苦心，去寫這些無用的論文，他只要在序文中交代一下即可。

然而，全書是在同一完整的觀念下誕生的，如果不是這些論文，那麼《戰爭與和平》，恐怕也不會從托氏的心靈中出現，而落到人間裡來。關於論文和寫作觀念的話，我就討論到此為止。

## 結語

一個民族的靈魂，需要一個人來和諧地，吐露出它的中心思想，能有一個偉大的天才，替他發出清晰的聲音，那麼這個民族，一定能永遠存在，永遠散發著神異而精彩的光芒！

古老而神秘的俄羅斯靈魂，一向遠在西歐邊陲的茫茫迷霧裡，在普希金以前的俄國文學毫不足道。

可是，當歐洲浪漫文學和和風，一旦吹進西伯利亞的冰凍原野後，不到百年間，經果戈里的創造而開始生氣勃勃，等到屠格涅夫寫出青春美麗的詩篇後，近代最偉大的二位文學天才托爾斯泰和托斯妥也夫斯基，就君臨世界文壇了。此後，俄國文學的優秀作家相繼出現，是舉世皆知的文學史輝煌記錄保持者。

可是，我們自己的民族文學天才又在何處呢？這是我必須再想想才能回答的問題。但願，我有一天能給予清楚的回答。


（民國六十二年三月號《文壇》雜誌）

# *2.* 論希臘悲劇的三大作家：

## 《無悔齋青春讀書錄》輯選之一

**說明：**

　　這篇文章，是我未進大學之前，靠自修之後所寫的一點讀書心得，當時無人指導，但我曾冒昧地寄給當時的名作家趙滋蕃看過，他大為欣賞，並特地在當時《中央日報副刊》的「專欄」中加以稱許，使我大受鼓勵。

　　因此，我隨即再將稿子投到當時的著名的《文壇》雜誌，並立刻在民國六十二年的六月號被刊出。而那年正是我在竹北飛利浦電子公司當機器操作員的第二年，可是當時的所思所想，其實完全與共同工作的周遭環境無涉，只是我作為孤獨的個人之體會和沉思的心得而已！

　　　　　　　　　（2008.11.19.作者於北投客居補註）

### 古希臘悲劇的起源

　　古希臘的悲劇和史詩，是幾千年來最為人類所傳頌不絕的文學作品，這是世界文學中彌足珍貴的寶藏。像浩瀚無涯的大海一樣，這種藝術品的高超境界，是那樣的富麗而瑰麗，巍巍

乎，煥煥乎，不但深刻地影響著古希臘的人民生活，就是後代的人類也從當中汲取精神的養料，因而更豐富了我們心靈生活的內涵。

我們只要觀察近代西方一些最顯赫的天才：像華格納的音樂、尼采的哲學、佛洛依德的心理學，甚至歌德和席勒的戲劇等等，都是受其精神薰陶的驚人事實，那麼，我們就不能不訝異讚嘆這種無可倫比的奇蹟了！

希臘的悲劇是一種宗教性的戲劇，它的起源和一切人類所有的藝術沒有兩樣，是把潛藏在心靈深處的意識中「一種對生命要求自由解放的慾望」激濺出來，在一剎那間顯現出生命的華嚴真相。

所以，在這種精純偉大的藝術品裡，有著人類生命的一切原形：我們不只是看到善惡與美醜，也能看到悲喜與愛憎，同時也能聽到心靈的吶喊，以及難抑難止的慾望在呼叫。因為這是一種人類生命力的飛躍，所以就會注溢著對偉大自由的謳歌，進入到夢幻與熱情的新天地裡。

在最初，希臘人只是組織合唱隊在大街上遊行，這是酒神節的慶祝活動。酒神戴奧尼斯，是一個半羊的合體精怪，象徵著無憂的狂歡，但也像徵著淫穢的獸性。合唱隊的隊員每一個人，都打扮成這種精怪的樣子，在大街上蹦蹦跳跳；一面唱著頌神歌。這種送神歌有些地方，已略具文學的性質和戲劇的元素，所以非常有趣的吸引了大批觀眾，他們站在路邊盡情地歡笑。

　　後來，希臘人對這種蹦蹦跳跳的羊精遊戲，很快的感到厭倦了，認為索然無味，他們要求更具娛樂性的東西。於是有人設計使一位合唱隊的隊員，走到隊伍前面來表演動作，並提出問題，由合唱隊的音樂指揮，根據事前先寫好的答案一一做答。這種草創得預訂對白，用來敘述戴奧尼斯和另一位神明的故事，立刻獲得群眾廣大的歡迎。不過，這時合唱隊，還是山羊精的打扮，表演也極其粗俗，且缺乏莊嚴的氣象。

## 悲劇之父艾思奇勒斯

　　希臘的悲劇文學所以能夠在一開始就達到無與倫比的輝煌成就，主要的是靠艾思奇勒斯給它奠定的雄厚基礎。雖然一個天才的成功需要繼承先人遺留下來的經驗做根基，但整個希臘的悲劇文學，也不過是從艾思奇勒斯、蘇福克里斯、優里披蒂斯等三個人的。他在合唱隊中增加一名演員，因而使酒神節的祭祀表演能自純歌唱改變為戲劇。

　　艾思奇勒斯原是馬拉松戰役的英雄，他像許多其它公元前第五世紀的希臘作家一樣，在生活中從事寫作。當他二十六歲時，第一個劇本完成了；並於四十一歲時，獲得酒神節的戲劇獎；公元前四六八年，於獨霸雅典文學界三十年之後，首次失掉戲劇第一獎給後起之秀蘇福克里斯；但次年他以《底比斯王室之亂》一劇重振聲威；公元前四五六年，他因《歐瑞蘇提斯復仇記》這一齣悲劇贏得最後亦是最偉大的勝利。

希臘悲劇經過這樣偉大的天才孜孜不倦地努力奮鬥後，總算有了莊嚴的氣象，並且確定了悲劇的主題。艾思奇勒斯的戲劇充滿著曠野的自然氣息，雄渾有力的詩篇使它達到空前偉大的境界。終其一生共計寫了七十個劇本，現在保留下來的有七個。最著名的是《普羅米修士的禁錮》和《歐瑞蘇提斯復仇記》。

他的寫作方式是將一齣悲劇分成三部分來寫，每一部構成一個獨立的單元，但三部的結構又組成一個完整的戲劇。

普羅米修士的故事是我們所熟悉的，這位仁慈剛毅的天神，是帶來人類光明的使者，在我們祖先還像螞蟻一樣在照不到陽光的地窖中生活時，他為我們散播了生命的光明，於是春天有了花香，夏天就結了纍纍的果實，遼闊的天空也有星星在神秘中升起沉落，同時他還教給人類關於哲學、數學、文學、……或生活起居的一切知識。

但萬能的宙斯天帝憤怒了，這個新當權的統治者，殘暴地把普羅米修士用鐵鍊鎖在高加索山脈的岩石上，在受近日曬風吹的痛苦之餘，又運起雷霆的霹靂把普羅米修士轟落到地獄的深淵。然後再提起來重新鎖在高加索山脈的岩石上，派兇猛的禿鷹用銳利的嘴和爪啄祂的心。

然而，普羅米修士的心在白天被鷹吃掉晚上又生出來，於是祂就這樣受著人世間的折磨。這一個故事的結局是在《普羅米修士的解放》這齣悲劇戲裡，善良的巨人海格力士殺死了這

隻鷹，並勸服宙斯釋放普羅米修士。普羅米修士懺悔，和宙斯天帝講和，並且佩上必戴的鐵戒指。

艾思奇勒斯在這齣簡單而有力的悲劇中，以人類意志對抗不可避免的命運作為希臘悲劇的主題，也反映出公元前第五世紀希臘人民在生活上新舊信仰互相衝突的情形。這是一個崇高的主題，使艾思奇勒斯的戲劇成為具有偉大風格的悲劇。

艾思奇勒斯的《歐瑞蘇提斯復仇記》雖被稱為繼荷馬的史詩後，最偉大的希臘文學作品，但是當時的希臘民眾不滿意他在戲中洩漏了一些神秘的宗教儀式，幾乎把他打死，瑞賴他的兄弟替他向雅典議會求情，並露出在撒拉密斯戰爭中所負的傷痕，才保住生命。

就在這一年他離開雅典到西西里島訪問。有一個古老的傳說告訴我們，他在西西里島時，一隻老鷹抓一隻烏龜在空中飛，把他的頭當作石頭，放開烏龜落在他頭上而將它砸死。（大概是報復牠的同類在艾思奇勒斯的悲劇中被海格力士殺死吧！）結果他就埋在那裡。他自己寫的墓誌銘，對於他的戲劇是出奇的沉默，但對作戰中所受的疤痕，卻顯出凡夫的驕傲：

> 在這一塊石牌躺下著艾思奇勒斯；
> 關於他的英勇，有馬拉松的林樹為證；
> 或長頭髮的波斯人，知之最詳。

# 悲劇之光蘇福克里斯

蘇福克里斯是一個最幸運的人，他被稱為是智慧與榮耀的化身，希臘人對他的熱愛，有如今日畢卡索之被人崇拜。公元前四六八年，當他二十七歲時，就從艾思奇勒斯那裡奪走悲劇競賽的第一獎。他來自雅典近郊的克羅納斯，父親是一名製劍匠，家道富裕，使它能過舒適的劇作家生活。他的頭腦聰明，儀表俊美，體格健壯，精通音樂和摔角，並贏過這兩項比賽的雙重大獎。撒拉密斯戰役之後，他被雅典城選出來，領導雅典青年為慶祝勝利而裸體跳舞唱歌。他也在伯克里斯手下當過遠征軍的將領，和被選為政治委員。但他的性格比政治才能更為雅典人所欣賞。他和藹、機智、謙虛、愛遊樂，充滿了迷人的魅力。他青年時喜愛涉獵風月場所，又能在節慶時擔任神明的祭司。

他的一生大約寫了一百十三個劇本，遺留下來的也只有七個。他曾在酒神節的悲劇競賽中，獲得十八次首獎，最後一次得獎時，已經八十五歲。他繼艾思奇勒斯後，統治雅典戲劇界長達三十年之久。他將演員人數增加到三個，而且自己也湊上一角，直到他喪失嗓音後，才停止演出。他和後來的優里披蒂斯一樣，廢棄了艾思奇勒斯悲劇三部曲的形式，改用三部不連貫的獨立劇。

艾思奇勒斯在悲劇中多喜歡用遮蔽人物的宇宙大主題，蘇福克里斯則對人物的性格發生興趣。他的悲劇具有優美的風格

和煉達的技巧，是典型的「古典」表達形式，洗練，沉靜，和蕭穆；生氣蓬勃而有節制，莊嚴而優雅，充滿菲狄亞斯的力量，和蒲林克西蒂利的細膩和流暢。它的結構也是古典的，每一行詩都互相關聯，而漸漸演變發展至高潮，呈現出主題的意義。

他的戲劇像《伊迪帕斯王》，不但每一部分層次分明，配置得當；而且猶如艾思奇勒斯，先發展侮謾性的嘲弄，（如伊迪帕斯王尖刻地詛咒不詳的殺父兇手），轉向突然的揭露，與命運的逆轉，最後終致受到不可逃避的懲罰。

亞里斯多德當其想舉出完美的戲劇結構時，每每總是提及《伊迪帕斯王》。他對人物的描寫，雖不如優里披蒂斯，卻比艾思奇勒斯作品中的人物更清晰。

他說，「我視實際的需要描寫人物；優里披蒂斯則照實表現。」所以他的悲劇是帶了部分理想在內的藝術。

《伊迪帕斯王》是在希臘最著名的戲劇之一。這是艾思奇勒斯在《底比斯王室之亂》三部劇裡寫過的，是關於雷奧士王和朱凱斯特王后的兒子——伊迪帕斯殺父娶母的故事。劇情一開始就將觀眾引入事件的核心：一大群底比斯人，因為災難降臨下來，溫疫到處漫延，感到痛苦不堪。於是他們來到底比斯王宮前，手拿月桂橄欖枝，懇請伊迪帕斯王解決災難。

伊迪帕斯王是因為解答人面獅身的怪獸史芬克斯的謎語：「早晨時是四隻腳走路，中午時只用兩隻腳，晚上卻又用三支腳，這是甚麼動物？」

伊迪帕斯回答：「是人。因為人出生的時候，是四隻手腳在地上爬，長成後才用兩隻腳走路，及至老年，卻又需服拐杖走。」怪物應諾自殺。

於是，民眾擁他為王，又和雷奧王的遺孀（他自己的母親）結婚，還居然生下了幾個子女。

可是他一點都不知道。並且，他在來底比斯半路，和人發生衝突，無意中殺死的老人也就是他的父親。結果經過一番查證後，整個慘案才暴露出來。

他的母親知道事實後，自縊而死。伊迪帕斯王也自挖兩眼成瞎，被流放到科林斯去。全劇高潮迭起，精彩絕倫。這是希臘得民間故事改編的。因為雷奧士王不敬神明，四處做惡，有人詛咒他和他的子孫，結果禍害敗壞了一代又一代的希臘人，形成希臘悲劇家愛用的典型題材。

蘇福克里斯後來又繼續寫白髮蒼蒼的《伊迪帕斯在柯林斯》流浪的故事，和他的兒子因爭奪底比斯王位，而互相殘殺的故事。這些悲劇寫來筆勢千鈞，動人無比，完全合乎亞里多斯多德所稱的悲劇條件。

羅馬時代的雄辯家西塞羅告訴我們說，蘇福克里斯在晚年還專心寫作悲劇，他的兒子認為他不善管家，到法庭告他，請求法庭根據他的孱弱，判其不得掌管家產。

蘇福克里斯便把剛寫完正在修改的《伊迪帕斯在柯林斯》一劇，讀給陪審官聽，問道：「這首詩可像是一個孱弱的老人寫的嗎？」他讀過之後，陪審官判他無罪，並且親自送他回家。

他比後輩的優里披蒂斯晚死，但也死在同一年（公元前四〇六年）。希臘人像神一樣的隆葬他。

## 寫實主義的黎明優里披蒂斯

每一種藝術要達到成熟的高峰，必須經過傳統奠定了穩固的基礎，抑制個人漫無邊際的自我發揮，而後透過天賦和法則的互相衝擊，才能產生偉大的境界。

雖然藝術重視獨創，但偉大的藝術家往往在一項傳統達到最高境界時產生；在藝術的演變過程中，反叛者雖也是促進變化所必須，但也只有當他們的新風格已為前人所遺留的特質而穩定，而且經過時間的磨練之後，才能產生巨擘。

這一話是威爾杜蘭在世界文明史中，論希臘的藝術時所說的，的確不錯。

然而，我們從藝術史上研究這一事實後，應該補充一句，偉大藝術家得出現，固然使藝術達到完美的境界，但也注定那種藝術的傳統進入死亡，彷彿美麗的果實在最成熟後便要腐爛一樣，每一種藝術神祕地有著它自己的生命循環。

希臘悲劇由艾思奇勒斯以其粗陋的詩句與謹嚴的哲學開拓遵循的方向，及創立了形式，蘇福克里斯以改良的音樂與平靜的思維確定了藝術風格，而優里披蒂斯則完成了表現熾熱情感與狂烈懷疑的成熟作品。亞里斯多德在《詩學》中說，雖然優里披蒂斯的悲劇再佈局方面有些不盡完美的地方，但他仍舊是「最悲劇」的戲劇家。

優里披蒂斯是希臘悲劇三大作家的最後一個，但也是最有成就、影響力最大的一個。他生於波斯戰爭撒拉密斯戰役（公元前四八○年）這一年，而且可能就在撒拉密斯島上，他的雙親為躲避米底亞人而逃到雅典來。

可是他的後半生都居住在撒拉密斯島上，他喜愛那裡群山的幽靜，及藍海多變的顏色。他的朋友和敵人都一致同意，他是憂鬱的，幾乎是哀傷的，沒有喜悅，沒有歡笑。在羅浮宮裡的坐像使我們看到，他那蓄鬍的臉顯現俊逸之氣，但卻充滿沉思的神情，又稍帶淡淡的憂愁。

他的朋友都是當時最出名的人物，像畢達哥拉斯和蘇格拉底等。

有人懷疑他受蘇格拉底的影響很大，整個詭辯學派運動都進入了他的思維，並且透過他而壟斷了此一時悲劇的舞台。

他成為希臘啟蒙運動的福爾泰，他崇拜理性，在為祭神演出的戲劇中給予破壞性的譏諷。蘇格拉底對於別人的戲劇不屑理會，但他說，為看了蘇福克里斯所寫的戲，即使走路到比里亞斯港，他也願意。這對於一名驕傲的哲學家來說，菲比尋常。

他的一生總共寫了七十五部戲，現在保留一下來的只有十八部和其他劇本的一些殘缺資料。

雖然優里披蒂斯被人攻擊，說他的劇情時常安排一名使者來敘述，而不用屬於戲劇特色的動作直接來表達；也不讓合唱成為戲劇的一部分，而將其轉變為與故事不相關的哲學旁白。但他在刻劃人物的性格上，輕易地勝過兩位前輩。

優里披蒂斯具備每一個詩人所應有的敏銳觀察力，他強烈地感覺出人類的問題，並以熾熱的情感將他表達出來。他的心理分析代替宿命論，在運用上甚至超過蘇福克里斯，他調查人類行為的道德和動機，從來不憚其煩。

他研究各色各樣的人，自農夫到國王都在研究之列；從沒有其他戲劇家曾描述像他筆下如此眾多類型得女人，而且給予深厚的同情來對待她們。他們兩位偉大的前輩都全神貫注於宇宙和永恆的問題，卻未能清晰地觀察到世俗及特殊的問題，他們創造深邃的典型，但優里披蒂斯卻創造活人。

關於他的悲劇《特洛伊女人》，是完成於公元前四一五年，亦即雅典消滅米洛斯島的第二年，及雅典遠征軍出發準備為雅典帝國征服西西里島的前夕。就在此時，優里披蒂斯為米洛斯島的大屠殺、及擬對西西里島發動攻擊的殘暴帝國主義所震驚，大膽地提出強而有力的和平呼籲，被稱為「是古代文學中譴責戰爭的最偉大作品」。

他的故事係從荷馬結束「特洛伊之攻陷」接下去。特洛伊男人在一次大屠殺後殺光，他們的婦女，悲傷欲絕，隨著她們被損毀的城邦而淪為勝利者的情婦。……（不久前，在台灣各地放映的《特洛伊一千個女人》的這部影片，就是根據此一悲劇改編的。）從這一點看來，他又是一位偉大的人道主義者。

但雅典人對於此劇憤怒到極點，甚至連他太太也反對他。公元前四零八年，他已經七十二歲，接受阿奇里斯王的邀請，

赴馬其頓十八個月之後，與世長辭。希臘人造謠說，他死後被
王家的狗，咬得支離破碎。

　　然而，時間會證明一切，在他死後，他的聲譽日隆，甚至
在雅典也不例外。他生前所曾經奮鬥的觀念，成為以後數世紀
的思想主流？

　　泛希臘時代的人們向前回顧時，把他和蘇格拉底看成希
臘有史以來，最偉大的知識拓荒者。他所處理的問題是活的問
題，不是「死的故事」，需要很長的時間，這一個古老的世界
才能漸漸遺忘他。

　　當他前輩的作品已慢慢淹沒時，而他的戲劇每年去在希臘
凡是有舞台的地方就有演出。當雅典人於公元前四一五年遠征
西那庫斯，果如他在《特洛伊女人》中所料，慘遭慘敗，雅典
人被鐵鍊鎖在西西里島的礦坑中充作奴工，活不如死。

　　但羅馬歷史家普魯塔克告訴我們說，凡是能被誦優里披蒂
斯戲劇台詞的俘虜，即可獲得自由。他的戲劇塑造並促進「新
喜劇」的成長。

　　新喜劇菲雷蒙說：「假如人死後有知，我必就教於優里披
蒂斯。」十八、十九世紀中，懷疑主義、自由主義在歐洲復甦
時，使優里披蒂斯幾成為當代人物，比莎士比亞更「近代」。

　　總而言之，只有莎士比亞尚可以與他相媲美：然而，歌
德卻不以為然。「自優里披蒂斯後，」歌德對他的秘書艾克曼
說：「世界上可曾有任何國家，產生一個夠資格替他提鞋的戲
劇家？」

# 結論

本來，在我原先的意思，研究希臘悲劇乃是為了哲學性的問題，而不是為了文學的興趣。最主要的是，我想批評方東美教授的著作《科學哲學與人生》。因為他在這一本精彩非凡的哲學著作裡，採用尼采在《悲劇的起源》這本書中的各種觀點，並參照史賓格勒的《西方之沒落》，來構成全書的理論。

由於尼采的武斷和狂妄，使他把蘇格拉底視為希臘頹廢的象徵，然而，蘇格拉底對優里披蒂斯的友誼，跟希臘悲劇的走向衰落，又有什麼確切的關係呢？

優里披蒂斯的偉大悲劇，只是他個人才華的表現，不論他在悲劇中怎樣注入批評的道德觀念，誰也不能否認，希臘悲劇到他的手裡才算真正成熟，由於他的努力，終於把這一高超的藝術提升到空前絕後的境界。

他使後來的悲劇加淪為藝術的奴隸，正如莎士比亞的光芒掩蓋了後代戲劇家的成就一般：除非產生比優里披蒂斯更偉大的天才，否則後來希臘悲劇的走向衰落，是天然注定的命運。

在希臘三大悲劇家裡，艾思奇勒斯、蘇福克里斯和優里披蒂斯三個人，每一個人的悲劇主題並不一樣，寫作的風格也不相同；但個人有個人的長處，每一個都在自己的創作領域裡，建立起偉大、崇高的地位。這是因為他們都有足夠的天才，所以寫出來的悲劇能夠和優里披蒂斯互相抗衡，這也和米蓋朗琪羅的偉大藝術，並無法使拉飛爾和達文奇的藝術黯然無光一樣。

　　認清了在永恆的精神世界裡，同樣充滿了殘酷的競爭，我們就不必埋怨，為什麼脆弱的藝術生命會一定難逃覆滅的命運了。所以，要求蘇格拉底對希臘悲劇的衰落負責，是一件極不合理的事。

　　但尼采這樣做了，由於他的盛名，方東美教授也毫不考慮地，接受此一觀點。當我讀這兩個人的著作時，內心至為不滿。

　　但，後來我不曉得為什麼，放棄原先的想法，而把興趣轉變到「純文學」的天地來。

（62.6.《文壇》雜誌）

# *3.* 談克勞塞維茨和他的《戰爭論》：

## 《無悔齋青春讀書錄》輯選之二

**說明：**

　　這是我就讀大學四年時，所撰寫的西洋史主題研究報告，並在當年獲頒「校友會論文獎」，是我大學時代的所獲得最高的學術榮譽。其實，這是延續我進大學之前的研究興趣，即由托爾斯泰的作品《戰爭與和平》一書所引發的課題。為了更專業的深入了解，所以我特別訂購了幾種《戰爭論》的翻譯本，並勤於作閱讀筆記。其後，在相關的西洋史課程中，提出此一還算完整的讀書心得報告。從專家的眼裡來看，此文是否成熟？我不清楚，但我在認知上，則是清楚而受用的。因為我自己若開始寫戰爭小說時，便不會太外行。此外，就非我所關心了。

（2008.11.19. 作者補註於北投客居）

　　克勞塞維茨（Carl VoN Clausewitz, 1780～1831）和《戰爭論》（On War）的大名，可以說，很少知識份子沒有聽過，但真正讀《戰爭論》這本書和瞭解克勞塞維茨這個人的，則為數甚希。

　　此種情況，不只在一般讀者群中如此，即使在專業性的職業軍人中亦然。主要原因，可能是本書所涉及的專業知識，不只是層次極高的「將道」，而且哲學和心理學問題的分析，也佔了相當大的比例。

　　而一般讀者和職業軍人，是很少能同時兼具研讀此書必備的學養與經驗，何況本書原著的文體，除第一篇第一章外，大多生澀而不流暢，因此要求本書像一般通俗著作那樣風行，實屬不易。

　　然而，《戰爭論》中，有關戰爭領域的各種理念，不但傑出而且影響邃深，近二百年來，幾可說是獨一無二的。

　　在十九世紀的軍事學著作中，約米尼（Antoine Idenri Jomioi 1779-？）的《戰爭藝術》（Precisde Lart de la guerre），可以說是與克勞塞維茨的《戰爭論》，並稱為雙璧的兩大著作。

　　約米尼當時的影響，更超過克勞塞維茨甚多。但是對於一八八六年的波尼米亞戰役，約米尼當時還健在，於是努力的想用他自己的理論來解釋，結果卻發現由於戰爭技術的進步，使他的「內線優勢」理論，已經發生疑問了！

　　相反的，克勞塞維茨的《戰爭論》，在二十世紀的今天，仍然大行其道，書中主要的觀念，大體上都能超越時空的界限，而為各國所採用。

　　因此，對於這樣的人和書，研究歷史學的人，特別是西洋近代史的學者，實不應以等閒視之。

可惜的是，對於具有這樣重大影響力的書和人，一般歷史學的著作，很少提到，可能認為那是軍事學的範圍。

但是歷史本身原包括人類在時空關係中，所產生的種種現象。克勞塞維茨本人及其作品，對歷史的影響，實不亞於一個第一流的大思想家，甚至有過之而無不及。所以，若將其忽視，可說是一嚴重的缺失。

我因喜讀這方面的書籍，所以在此和讀者，談一談他的書和人。

克勞塞維茨和他的《戰爭論》，儘管在軍事學的領域中，享有獨一無二的顯赫地位，但其人的思想與書中的觀念，仍然是時代的產物。

如非法國大革命的「兵役召集令」、如非拿破崙的軍事成就，甚至如非康德的哲學思想、以及啟蒙時代對理性主義的開拓，則克勞塞維茨的《戰爭論》是無從出現的。

並且，克勞塞維茨的老師沙恩霍斯特（Gerhard Johann Scharnhorst）在柏林所開設的「戰爭學院」，以及沙氏本人，對普魯士陸軍正在進行的改革，都對克勞塞維茨的一生，及其思想的發展，具有極大的影響作用。

當然，克勞塞維茨的日耳曼人氣質和個人獨特的秉賦，尤為決定性的因素。這一點，我稍後還會再談到。

至於《戰爭論》這本書，其實是一本未完成的著作，克勞塞維茨有生之年極力想重加改寫與修正，卻時不我予，只完

成第一篇的第一章（克本人這樣認為），便染病去逝。死後次年，袖其夫人千辛萬苦的加以出版。

然而，第一版共發行了一千五百本，等到二十年後，出版者決定再版時，那一千五百本還沒有賣完。

要到普法戰爭後，世人訝異於普軍之驚人勝利，才廣為探求普軍勝利之由，而發現毛奇與克勞塞維茨的思想淵源，於是《戰爭論》才廣為世人所知。

此後，《戰爭論》的影響力日增，對於十九世紀末期，以迄本二世紀，各國的軍事思想，受其啟發與塑造，實無與倫比，其居於不朽的經典地位，也早已是不爭的事實了。

此外，對美國獨立之戰爭（1778-1783），法國也曾作某種程度的參與。這些戰役產生極豐富的軍事經驗。

這當中曾經產生一位有傑出天才的指揮官沙克思元帥（Marshd Cocent Mauriced Saxe, 1696-1750）。他不僅是偉大的戰場指揮官，而且在戰略、組織、和戰術等方面也都是一位有創造力的思想家。

他的著作《戰爭藝術的夢想》（Rereries on The Art of War），寫於一七三二年，死後七年才出版。最初不為人所重視，慢慢的在法國軍隊中傳開來，影響日增，可說十八世紀末葉流的軍事思想，即由其奠定基礎的。

沙克思元帥的基本思想，就是增加軍隊的機動性和靈活性。

他的建議有下列數點：

一、把軍隊分成「兵團」（Legions），即近代「師」的雛型，使每一個「兵團」自成一含有各種、條配適當、能獨立

作戰的部隊。其組織是：每一兵團有（官兵3580人）分成四個團，每團（880人），每團四個連，一連（220人），另加一個「半連」的騎兵供搜索之用。這樣使組織簡化到最低限度。

二、每個部兵連應配屬一門輕型野戰炮，口徑二吋，能發射半磅重的砲彈，用三輪車來牽引。

三、步兵攻擊以一群散步為前導，他們在三百碼射程向敵人開火，然後從突擊隊的間隙中後退；攻擊兵力在散兵火力掩飾之下，以八人寬的縱隊前進。

四、在主陣地之前據守支點，來擊破攻擊者之突擊縱隊。

這些原則，在十八世紀中葉以後為布羅光里元帥（Makshalde Broglie）所遵循，而構成以後半個世紀法國戰術的基礎。

在「七年戰爭」後，菲德烈大帝對上述戰鬥隊形嚴格要求。於是一種高度標準化的步伐和射擊紀律也能做到了。

菲德烈大帝自己則又創了一個「斜行序列」的戰術，以各營成梯次前進來迂迴敵人，在一七五七年的「魯騰（Leuthen）會戰」中打敗奧軍。

不過法人並不採用「斜行序列」，因為包爾色特將軍（Geser-ad Perre-Joseph de Bourcet 1700-1780），於一七七五年著《山地戰原則》中，建議一個師，應分幾個縱隊，可以在平行或向心的道路上前進，並在適當的時機，重新組合作戰。實際上即為沙克斯元帥的原則之延伸。

接著，吉貝爾特（General Jacqles-Antoine—Hippolyte, Comtede Guibert 1743-1772），在「七年戰爭」中獲得經驗，

於一七七二年出版《戰術概論》。其中，除強調部隊的機動性和靈活調度之外，他建議改進補給制度，要學會「就地取食」，「因糧於敵」，「以戰養戰」的原則。

他認為用十七世紀歐洲國家，所維持的小型組業軍隊，根本不能打大規模的戰爭。他在書中還指出：

「如果某國能創建一民族性的軍隊，即可以統一歐洲……。」

這種「全國皆兵」的理想，二十年後法國大革命，時才將它付之實施。而以上這些軍事思想，都為拿破崙所吸收和加以應用。

沙克思元帥在《戰爭藝術的夢想》這本書的序文中，曾寫了二段著名的語句：

「戰爭是一種充滿了陰影的科學，在這科學陰影之下，一個人在行動時，是很難以有把握的。它的基礎就是慣例和偏見，這又是無知的天然後果。
「所有的科學都有原理，唯戰爭獨無。那些曾經著書立說的名將們，並不能把任何原理賜給我們。那只不過是一些戰例而已，至於它們的原理，則我們還是完全不知道。」這是極端懷疑論者。

另有一種著作的時間，出現較晚，則宣稱戰爭是有規律可尋的，如普魯士的戰略理論家畢羅（Heinnchvon Bulou）。克勞塞維茨年輕時，所寫的第一篇論文〈論畢羅戰略的理論與應用〉，即加以駁斥。

　　不過畢羅的著作，已是法國大革命以後的事了，這一點留待下面再說明。在此處，我們要知道是：有關用科學方法寫成的戰爭原則的書，在法國大革命之前可說仍未出現。大都是一些討論「戰術」方面的著作而已。

　　因為十八世紀的戰爭，大體上還是一種「限戰爭」，往往戰場上雙方殺得人仰馬翻，附近的農莊上，農人仍平靜的自顧耕種，不太受戰爭的直接影響。

　　一直要到法國大革命爆發，戰爭的型態才有截然不同的改變。

　　關於法國大革命前的歐洲軍事概況，我們就簡單的線說明到這裡。接著我們談一談法國大革命本身與拿破崙的軍事天才，對歐洲軍事思想的重大影響：

　　法國大革命的爆發雖有很多因素，但我們需要明白的是：大革命的結果，「在歐洲的中心，文明世界的心臟地帶，在舊制度的廢墟上，已經產生了一個新秩序，它的性質特殊，其影響則具有極大的毀滅力量。

　　「我們在這裏，可以看見一個國家（法國），其情況、經濟和人口，都是在歐洲仍有第一等地位的，卻突然的丟棄其政府制度、法律、習慣和精神，這種精神也是為周圍其他國家所吸收的，而立即採取了一種新形式，建立一種新政府。

　　「在名義上號稱自由，但實際對於每個人民的生命財產，都是有絕對的控制權，並傾其權力以征服其周圍的國家。我們

可以看見其周圍的國家，為它的手段所分別腐化，然後再為其武力所擊倒。」

在這種情況下，從一七九二年到一八一五年為止，在歐陸上甚至包括埃及和英國在內，各國都必須面對一種嶄新的戰爭形態，其激烈的程度，其力量的龐大，以及澈底的毀滅性，都是歷史上罕見的。吉貝爾特的「全國皆兵」思想，由於大革命的爆發，政治形態的根本轉變，居然成了事實。

一九七三年，法國革命的「國民公會」（National），為了要贏得對「第一同盟」（The First Coalition）的國際戰爭，通過了「全國皆兵法」（L」eveeen Masse），規定徵調可以負荷武器的男性，亦動用婦孺擔任後勤工作，由加諾負責重建法軍。

「第一條：從此時起一直到我們將敵人趕出了共和國的領土時為止，所有的法國人永遠都有服兵役的義務。」

「青年人應上戰場；已婚的人，應製造兵器和運輸彈藥，婦人應該製帳幕和被服，並在醫院中服務。，兒童們應用舊布製造繃帶；老年人應被送往公共場所，宣博共和國的統一和仇恨君主的思想，以激勵士氣。」

這是一種公民性的陸軍，由於普遍徵兵制所招集的群眾部隊，所以人數非常龐大，未經充分訓練，即開往國境作戰。

在採取這種兵制之前，法國軍力已快崩潰，但採取之後，一年之內，法軍就開始轉移攻勢了。

這種兵役制度的優越性，初期雖未能澈底壓倒性地擊敗「第一同盟」的職業性軍隊，但其巨大驚人的潛在力，在

一七九五年拿破崙登場之後，便像火山爆發似的噴射出來。一直到一八一五年為止，除英國的海上力量外，歐洲國家沒有一個軍力是法軍的對手。

而拿破崙的最後失敗，其主要因素，亦不外歐陸各國也採取、模仿了法國的兵役制度，因此抵銷了法國的優勢，並終於能夠擊敗了在此之前似乎無敵的法軍。

而這些事實，都是克勞塞維茨親自目睹並參與的，《戰爭論》的撰寫即在將這一兵制變化所帶來的軍事革新，加以哲學化和心理化的探討。沒有這一遺產，《戰爭論》是不能出現的。

一八〇六年耶納會戰的慘敗，使普魯士軍隊在「七年戰爭」中所表現過的優越性徹底喪失，在以後的十年間，普魯士軍人所面臨的最重要任務，就是在思想和制度上與法國式的新戰爭形態取得協調。

法國在戰爭中所能動用的軍事資源，投入的部隊數量所進行的頻繁會戰，以及在廣大的地域中展開和追求更遠大的政治目標，凡此種種都是十八世紀的舊王朝軍隊所認為不可能的。拿破崙對此技術和資源的利用，又表現了常人難企的天才，因此一時迷惑了許多當代的軍事理論家。

他們試圖對此現象加以分析和瞭解。前已提過的普魯士戰略理論家畢羅和瑞士籍而在法國軍隊當參謀官的約米尼，對此都有相當深入的評論。

畢羅很了解那些最新戰術發展的價值，倒如大量的哨兵、運動的速度和瞄準的火力等等，也重視地理因素及補給系統的

安排。但他同時，卻否定了「會戰」在新時代新戰術中的效力，對於戰爭中的意外行動、或由於暴力、由於偶然因素而產生的物質和心理效果，也一概忽視；並且，他還擬定了一套由支配點和路線角所組成的戰略系統，其幾何典型與其對於天然無拘束戰士的歌頌，構成了一種荒謬的結合。

約米尼雖比較接近現實，但他把大軍奪求決定性勝利，視為戰爭全體，以及他宜稱從拿破崙戰爭中和菲德烈大帝的作戰中，蒸餾出戰爭的普遍原則，同樣也犯了錯誤。

克勞塞維茨在一八〇六年之前和以後都曾鑽研畢羅和約米尼的著作，以磨鍊自己的理論工夫。但其在一七九三和一七九四的對法作戰中，已歸納出自己的戰爭原則，所以不能同意上述兩者看法。他反駁畢羅的理論說：

「戰略所包括的不僅是那些可以接受數量分析的力量；只要在心理中我們的智慧可以發現替軍人服務的資源，則都一律予軍事藝術的範圍。」

對於約米尼把不同性格的人，如拿破崙和菲德烈，勉強應用一種合理化的原則，而忽視他們有經驗上的差異，克勞塞維茨也嗤之為荒謬。

克勞塞維茨堅信：即使拿破崙戰爭也不能替未來建立任何標準。那麼克勞塞維茨對戰爭的原則又抱有何種看法呢？

如果標準是不能預先建立的，那麼時代的背景所提供的又是什麼呢？他的《戰爭論》的不朽原則，又怎麼可能提出呢？

# 《戰爭論》的撰寫與出版

有關《戰爭論》寫作的程序，根據現有的材料，已無法作恰當的分期；不過精確的分期，雖有助於更詳細瞭解一個人思想塑造成型的過程，能提供完整的研究資料，但精確的分期既不可能，我們也不必強作解人。

我們可以確定的是，《戰爭論》的初搞，大都寫於一八一八年以後，這是克勞塞維茨擔任「柏林戰爭學院」院長時，在長達十二年的空閒中陸續完成。

但是《戰爭論》之前，克勞塞維茨有關戰史研究的論文，以及其他一些戰略、哲學、評論等長短篇不等的文章，為數已有千餘頁之多，其中戰史的研究佔了絕大部分。

戰史的研究，幾乎是任何軍事理論家，必經的奠基課程。約米尼也同樣寫了大量的戰史研究。拿破崙說：「……像亞歷山大、漢尼拔、凱撒、古斯塔夫斯、屠雲尼、尤金親王和菲德烈，一讀再讀他們八十三次戰役的歷史，以他們為模範，此乃成為名將和學會藝術秘訣的不二法門。」可為註腳。

不過，克勞塞維茨個人早年的軍事經驗，和沙恩霍斯特所給予的指導，在其一生漫長的軍旅生涯中，已逐漸發展出個人理論方面的雛型。例如一八一二年寫的論文〈戰爭指導的重要原則〉，其中便指出「摩擦」在戰爭中的影響。

這一觀念的誕生，是他在一八○六年時，觀察沙恩霍斯特在誘使高級統帥部做成決定時，所遭遇的困難，以及以後執行決定時的進一步困難。

　　無常、無知、混亂、疲倦、差誤、以及數不清的其他不可計量的因素，都足以妨礙兵力的有效運用。

　　「摩擦]」的觀念，以後構成《戰爭論》中的一章。並且這一觀念還引起了「機會」、「天才」等在《戰爭論》中佔支配地位的一系列觀念。

　　換句話說，《戰爭論》是克勞塞維茨的半生軍事經驗，結合理論所產生出來的美麗果實，並非憑空產生的。

　　關於書中的內容，這裏我們先引一段，克勞塞維茨在一八一八年，評論其《戰爭論》初稿由來的話：

　　「這裏所記下來的陳述是我們認為的戰略主要因素。我認為它們只是初稿，但多少已經達到可以把它們熔合成為一本書的程度。

　　「這些文稿並非依照任何事先擬定的計畫而寫成的。我的原意是想把我對於此項主題的主要因素所獲致的結論，用簡短、精確、緊密的陳述紀錄下來，而不考慮系統或形式化的連接。

　　「孟德斯鳩在研究其主題時時，所採取的態度曾在我的心靈中，留下丁一種幢影。我相信這樣精簡，扼要的各章，最初我簡直想稱其為「核」（Kernele亦可譯為要點），其所暗示的將像其所表達的一樣，能夠吸引聰明的讀者。

　　「換言之，我內心裏所想像的一位聰明的讀者，他對於此一主題早已熟習。但我的天性在此最後又還是自動發生作用，它驅使我發展和系統化。為了獲致一種徹底和完全的了解，我

曾對於某些問題寫過研究報告，我曾經一度勉強的從這些報告中提出最重要的結論，然後把它的精華集中在較小的範圍中。

「但最後我的文筆，完全脫離了我的控制，我還是儘可能的作詳盡的發揮，而且到此時，當然在內心中所想像的讀者，又是一位對此主題並不熟習的人。

「我愈寫就愈受分析精神的支配，於是也就愈回到一種系統化的路線，因此也就一章接著另一章增加下去。

「我有意到最後，要把它全部再修改一次，對先寫的文章增強其中的因果關係，在後寫的文章中，也許將要把幾個分析，結合成一種單一的結論，於是這樣可以組成一個合理的整體，那可能變成一本八開的小書。但在此同時，我要不惜一切的成本，以來避免一切的老生常談。那也就是一切顯然已經被人說過一百次，而且也為大家所普遍相信的東西。

「我的雄心是，想寫一本不至於在兩三年後即被遺忘的書，而是那些對此一主題深感興趣的人可能會一再拿出來閱讀的。」

從這段話，我們可以看出他最初寫作，原無頂定計畫。他心目中的讀者原先是軍事專家，所以只想以簡短的片斷的結論加以紀錄陳述；以後精神分析的成份加重，文筆已跟著轉變為系統化的型式，所擬傾訴的對象，已由對軍事理論熟悉的讀者轉為一般讀者了。最後一句，更表示出他有希冀成「名山之業」垂之不朽的雄心。

經過將近十年的努力，《戰爭論》的寫作已完成了六篇，餘下的兩篇也打好了初稿。但是隨著寫作進度的發展，在一八二七年時，他對戰爭的性質又有了新的看法，亦即戰爭中的「二元化」：

一、為戰爭的目的在打倒敵人。

二、為僅只佔領若干敵方邊界地區，以便我們可以兼併它們成用它們作為談判時的交換工具。

前者用現代的術語說，即意在使對方「無條件投降」；後者為局部性的佔領。這種「二元性」的戰爭目的導致《戰爭論》前面六篇的理論，亦必須加以修正。

克勞塞維茨在書中的主要核心理論為：戰爭不過是叫策用其他手段的延續。所以戰爭的目的有「二元化」，理論便非加以修改不可。

下面是作者另一次留下的重要的文件說明，雖全文引用甚長，但《戰爭論》全集有一千餘頁，內容龐大，理論精邃，如無作者自供，我們便難以充分瞭解其當初意圖所在。

克勞塞維茨一八二七年七月十日的筆記：

> 我認為早已清稿的前六篇，僅為一種相當無定形的質量，必須加以徹底的再整理。這次修改應在每一點上，都要對兩種類型的戰爭，加以較澄清的解釋。所有一切觀念於是都會變得較平實，它們的一般趨勢將會變得較顯著，而且應用也將會有較詳細的說明。
> 戰爭可以分為兩類，那也就是說，其目的或為打倒敵人，使其在政治上無助或軍事上無能，以來強迫他簽訂

183

我們所喜歡的任何和約；又或僅只佔領若干敵方邊界地區，以便我們可以兼併它們或用它們作為和約談判時的交換工具。

在我的書中，當然時常會從這一類，轉到那一類；但必須經常認清，這兩類的目的，是大不相同，而且也必須指出，他們之間不能協調之點。

這兩類戰爭的區別是一種實際事實的問題。但同樣現實的是另外一點的重要性也必須絕對的表明，那就是戰爭不過是政策，用其他手段的延續（war is nothing but the continuation of policy with other means）。假使經常堅定的把這一點保持在內心中，則對於此項主題的研究必大有助益，而且整個主題也將較易於分析。

雖然是直到第八篇才，對這一點作主要的應用，但在第一篇中，就必須予以啟發，而且在前六篇的修改中，也均將扮演其應有的角色。那種修改同時也將在前六篇中，刪去一大堆浮濫的資料，填補大大小小的漏洞，並使若干概括之論，在思想和形式上都變得較精確。

第七篇，〈攻擊〉，其中各章，是都已完成初稿，應視為第六篇，〈論防禦〉的相對部分，那是應該依照上述的明顯觀點，在第一篇之後就接著加以修改。此後，它就不需要再修改，而且的確，還可以對前六篇的修改工作，提供一種標準。

第八篇，〈戰爭計劃〉，將討論作為一個整體的戰爭的組織問題。其中有幾章是早已草擬，但就任何意識而言都不能算是定稿。實際上它們不過是對於原料的初步整理，在工作時所持的觀念是努力的本身將會指出真正問

題的所在。事實上也的確如此,而當我完成第七篇之後,我就立即努力將第八篇完成。我的主要觀念將是上述兩大原則,並設法精煉和簡化一切的內容。在第八篇中,我也希望糾正在戰略家和政治家心靈中的許多偏見,並經常指明整個的觀念是什麼,以及在實際戰爭中所必須考慮的真正問題是什麼。

假使第八篇的完成產生澄清我自己的心靈,和真正建立戰爭主要特徵的結果,則我也就比較容易把同樣的準則應用於前六篇中,並且使那些特徵在那幾篇中也到處可見。所以,僅當我達到那一點時,我才會著手修改前六篇。

假使我不幸早死而結束了我的工作,則所留下來的著作,當然只能算是一大堆尚未成形的思想「概念」。那將會受到無窮的誤解,且是許多不成熟批評的目標。因為在這一類的問題中,每個人都會感覺到他有理由寫作和出版,這是當他拿起筆來時就進入其頭腦的第一件事情,而且會認為他自己的思想是絕對正確,好比二加二等於四一樣。

假如也願意像我一樣,對於這個主題作經年累月的思考,並根據戰爭的實際歷史來考驗每一條結論,則他們對於其所言,也就毫無疑問會比較慎重。

話雖如此,我又相信一位無偏見的讀者,在尋求真象和了解時,仍將認清前六篇,儘管在形式上有其一切的缺點,但事實上仍含有許多年來對戰爭深入思考和勤奮研究的成果。他甚至於可能發現其中含有足以使戰爭理論,發生革命的基本觀念。

一八三〇年的新任命使他的研究告一段落。砲兵對克勞塞維茨來說，是生疏的兵科，一切有待熟習。

但八月才調職，十二月又奉召返柏林出任賴希勞元帥的參謀長。兵馬倥傯，他親手將文搞封存，一直到一八三一年十一月十六日逝世時，從未再打開。

封存的稿件中，有一則克勞塞維茨附入的筆記，是迄今所知他最後的手稿。

未完成的筆記（假定是一八三〇年寫的）：

> 在我死後將被發現的有關大規模作戰指導的稿件，以其現有的狀況而其大部分感到不滿意，並且認為第六篇只能算是草搞。我有意將其完全重寫，並嘗試沿著其他的路線尋求解答。
>
> 儘管如此，從實際戰爭的觀點來看，我仍相信那些被視為管制此種資料的主要觀念還是正確無誤。它們是廣泛研究的結果，我曾根據現實生活，來對它們做徹底的審核，並且在內心裡經常記著，導源於我的經驗，以及與名將合作時所獲得的教訓。
>
> 第七篇，我只草擬了一個大綱，那是以討論「攻擊」為主題，而第八篇則討論「戰爭計劃」，在其中我有意特別重視戰爭，在其政治和人事方面的問題。
>
> 只有第一篇第一章，是我認為已經定搞。它對於全書，至少可以指出，早在任何部分所採取的方向。

據克勞塞維茨在出版《戰爭論》的〈序〉中說，克勞塞維茨生前曾開玩笑的要他夫人在他死後，替他出版《戰爭論》遺稿。

一八三二年克勞塞維茨夫人得到奧柴爾少校（Maior Oetzel）的協助，負責校對和繪製歷史部分，所附的的地圖。並且由克勞塞維茨的內弟布流爾伯爵（Von Briihl）幫忙核對和分類，一八二七年的〈筆記〉即由他發現的。

當年夏季，《戰爭論》初版印行，內容完全照克勞塞維茨生前封存的原稿排印，不增減一字。第一版一共印了一千五百本。但是賣了二十，年都沒有賣完。

不過《戰爭論》的出版，為當時極轟動的大事，倒是不假。

《戰爭論》的第二版，印行於一八五六年。這次新版是由布留爾伯爵負責校訂，他竟然大肆修改其姐夫遺著。經過這一次修飾，有些部分更漂亮（流暢、清楚），但也曲解了許多原意，造成了日後許多讀者的費解與責難。

然而，這一版卻是空前成功，風行全世界，成為軍事學領域中的不朽經典。以後不斷再版，都是以第二版為根據。第一版反而淹沒不彰，也很少人知道兩種版本的差異。

直到一九五二年，西德發行第十版《戰爭論》時，原版才重新出現於世人之前。英美方面，在一九七六年有原版新譯本出現。我國則一九七九年由鈕先鐘先生加以新譯，並於一九八〇年三月由「軍事譯料社」出版。

# 《戰爭論》的內容

在這樣簡短的文章裡，要詳細而深入的分析、介紹，甚至評論克勞塞維茨的《戰爭論》，似乎不太可能。但缺乏了這一部分，則內容將很模糊。

為解決這兩方面為難的窘境，我應申明；在這篇說明裡，我將採取「思想史」觀點來看，而非「軍事學的」觀點來看。因為《戰爭論》共分八篇一百二十五章，這樣卷佚浩繁的典籍，所涉的又是那樣專業化的領域，我們無法就每一項要目，一一加以分析和介紹。

所以下列主要是在闡明克勞塞維茨在《戰爭論》所表現出來的核心觀念。

我們如要認清克勞塞維茨在《戰爭論》的思想精髓，從這樣的說明大體也可了解。

《戰爭論》主要構想，似乎是這樣的：

一、克勞塞維茨在治學的方法中受康德哲學的影響甚大，因此他的軍事理論帶有一種絕對的觀念，類似康德哲學中的所謂「物自體」。不過，康德的「物自體」是不可知的，克勞塞維茨的絕對觀念，卻只是在抽象的推論中，達到可理解的極限，當中仍有邏輯的嚴密層次在。

二、據克勞塞維茨本人的解釋：「在抽象推理的過程中，心靈不可能不到極限而停止。」所以，克勞塞維茨在構思書中

的各種軍事理論時，自然而然的就推演到所謂「絕對戰爭」的境界。

三、可是戰爭並非發生於紙上的推演或腦中的構思而已，在實際的戰爭中，種種情況的出現，會使戰爭的層次落到較低的狀態。在「絕對戰爭」和「實際戰爭」中間，隔了很大的距離。這種距離的產生，是由於「摩擦」（Friction）萌生其中的緣故。克勞塞維茨比喻說：

「戰爭的指導很像一種具有巨大摩擦的複雜機器的運轉，那些組合在紙面上是很易於計劃，但僅憑巨大的努力才能執行。

「所以指揮官的自由意志，是隨時隨地都都會受到阻礙，為了克服此種抵抗，也就需要顯著的心靈和精神力量。即令如此，許多良好的理想，還是會被摩擦或毀滅。」

四、他又以水中行走為喻。當人下水之後，便無法像在陸地一樣行動自如。水的沾滯，就是一種「摩擦」作用。抽象推理的「絕對戰爭」，則無時無地不受到「摩擦」的影響。因此，紙上談兵與實際作戰，其中差距實在很大。

五、戰爭的敵我雙方，行動時，每一方都相對的受到「摩擦」因素的阻礙，而時常有意料之外的情況出現。在排除「摩擦」的因素之過程中，可供利用的「機會」（chance）便產生了。誰能把握「機會」而善於利用，即可獲得最後的勝利。

六、誰最能利用「機會」呢？克勞塞維茨的答案是：天才。何謂「天才」？就是指「對於某一特殊職業具有非常高度

發展的心靈傾向」。不過克勞塞維茨又強調：天才不是一種單獨性的秉賦，他重視各種秉賦的聯合。

七、因為戰爭所包括的，原有許多不同的角度和層面，這些全雜揉無章的齊湊到腦海來，只有單一的秉賦，例如勇敢，不太可能完全的加以解決和判斷。

八、克勞塞維茨列舉了：勇敢（能始終保持冷靜來面對危險，又有奔放的熱心去達成任務）、智力（兼具慧眼和決心）、鎮靜（或稱心靈的常態、毅力、堅定、堅忍、感情平衡、性格力量）。以上是關於心靈和性情的要素。

九、另外有屬於純理智方面的：指對於戰爭與地形的關係，具有特殊的「位置意識」，是一種「能迅速和精確抓著任何地區的形勢」的本領。兼有四者之長，方可稱之為「天才」。克勞塞維茨心目中所想的，就是菲德烈大帝和拿破崙。

十、摩擦、機會和天才，這三種因素，交互為用，是「戰爭論」中獨創的理論。人的創造性在此具有極大的潛在力，足以影響戰局，而非刻板的規律之運用。

克勞塞維茨說：「凡天才所作所為的事情即為最佳的規律，而理論所能做到的，最多不過是解釋如何和為何應該如此而已。」

書中關於上述天才的要素，所作的精闢分析，在軍事領域中，實屬空前。我在這裡很可惜，限於篇幅和時間，無法多加介紹。

但是，我們可以回想，浪漫主義全盛時期，日耳曼學者所鼓吹的「天才」觀念，不也是《戰爭論》中受時代影響的印證之一嗎？

《戰爭論》中的一些其他觀念，以下也略加說明：

「戰爭的定義」：戰爭是一種強迫敵人遵從我方意志力的行動。

「極點」：由於雙方的敵對意圖與敵對感覺相互影響，於是趨向極端，戰力的發揮便達最大限度。

「重心」：任何戰爭中都有一個核心的問題要解決，那就是認清敵方「重心」之所在。所謂「重心」者，即對方國家的某一點要害（包括軍事、政治、經濟、地理或社會等在內），一旦被擊潰了，或失去了控制，則整個國家的權力結構和指導都會潰散，或導致致命的減弱。克勞塞維茨認為：在戰爭中毀滅對方軍事力量（解除武裝或將其意志屈服），尤為「重心」所在。

「勝利的極點」：攻擊到了某一點，還未解決大局，由於戰力的耗損，以及因交通線延長，須分兵保護，所餘兵力只夠採取守勢，這時就到了所謂「勝利的極點」，過此之後，雙方便攻守易勢了。

「戰爭的二元性」：戰爭分為兩大類：

一、以完全擊敗敵人為目的的戰爭，又可分為兩類；

（一）使其不再成為一種組織，

（二）使他接受任何條件。

二、以奪取領土為目的的戰爭，又可分為兩類：

（一）想保持所征服的領土。

（二）用來作為和談時交換的籌碼。

# 《戰爭論》的影響

克勞塞維茨的《戰爭論》對於十九世紀中葉後以迄今日的軍事思想，到底發生了怎樣的影響？如何影響？很難確定的加以估定。

從出版情形來看，最初二十年很少人閱讀。直到一八六六到一八七〇年，毛奇在日耳曼統一的戰爭中，獲致迅速而驚人的偉大成就，大家才注意到《戰爭論》的持久效力，立刻吸引了大量的讀者。

但是《戰爭論》風行的速度，絕不會像一本通俗的小說那樣，比較起來，後者所需的知識不多，且雅俗共賞，只要有興趣即可看得津津有味；前者卻是研究最高層次的「將道」問題，其主題不但專門而且深奧，儘管克勞塞維茨很注意書中觀念的實用性，卻並非一般泛泛讀者所能涉獵其中的。

甚至對許多軍事專家而言，《戰爭論》仍是一本不容易讀通的著作。「知名而少人讀」這句評語，是一八六七年第三版出版時，軍事家魯斯陶（Wilhelm Rustow）在其《十九世紀戰爭藝術》的著作中所下的，到今日還有其正確性。

即令那些不曾讀過《戰爭論》的人，也知道克勞塞維茨的大名以及包括書本所陳述過的思想自由，對個人創造行動的重視、鄙薄形式主義等教訓。

當然，要瞭解《戰爭論》的影響，還有待進一步的說明與推敲。

　　雖然克勞塞維茨曾言明他的著作並未完成，遺下「一大堆尚未成形的思想」，將遭致無窮的誤解，而且或為「許多半調子批評的目標」。

　　事實上，不只半調子的讀者，還包括大名鼎鼎的約米尼在內，約米尼在《戰爭藝術》〈序〉中說：

> 任何人不能否認克勞塞維茨將軍，是一個飽學之士，而且還有一枝如椽的巨筆。不過他的筆法有時卻不免太玄妙了，尤其是對於說教式的討論是不很適合。因為此時代，所應注意的卻是簡單和明瞭。此外，他對整個軍事科學而言，其抱持的懷疑態度，似乎也未免過火。
>
> 在他的書中：第一卷是痛駁一切戰爭理論，而以下兩卷又充滿了理論上的教條。這可以證明著者是相信他自己的教條是絕對有效，但是對於別人的東西卻認為一錢不值。

但在另一方面，《戰爭論》的全書架構，可以說已完成，各章的核心觀念，也大體上可以瞭解。此外，要瞭解《戰爭論》的影響，我們必須看一些具有時代代表性的人物，在其著作或談話的「自供」中所吐露者。

　　毛奇曾指出《戰爭論》與荷馬《史詩》和《聖經》同為鑄造自己思想的真正不朽名著之一。高爾茲（Colmar Von der Goltz），於一八八三年在其名著《全國皆兵論》（Das Volk im Waffen）的卷首這樣寫著：

「一位軍事作家，在克勞塞維茨之後，寫有關戰爭的文章，就好像一位詩人，在哥德之後，企圖寫《浮士德》，或在莎士比亞之後，企圖寫《哈姆雷特》一樣。任何有關戰爭性質的重要觀念，都可以在那位偉大的軍事思想家的著作中，找到模範。」

一九〇五年《戰爭論》第五版問世，當時德國參謀總長希里芬伯爵（Count Altred Altred Von Schlieffen）曾為之作序說：

> 克勞塞維茨的教訓是：「在戰爭中的每一個案例都必須考慮，而且，要根據其特有的情況，作徹底的思考。」此種認識的醒覺，使普魯士以及現在整個德國陸軍，都應永遠感謝，這位偉大的思想家。

以上所論，僅為克勞塞維茨對德國的影響。但在二十世紀初葉，德國陸軍正是全世界所有其他陸軍的典範，所以在摹仿其訓練和戰術數條的同時，他們也就有意無意間吸收了克勞塞維茨的思想。

在法國方面，一八八四年，卡多德教授（Cucion Cardot），從閱讀高爾茲的著作獲得靈感後，遂在課程上開講「克勞塞維茨」，士氣的問題，於是成為注意的焦點。

這一講授影響一整代的法國軍官，並引導它進入第一次世界大戰，福煦元帥所熱心的雖是一種過份簡化的「新克勞塞維茨主義」，但感染之深，較之德國人有過之，而無不及。

　　一九○四年的日俄戰爭，日本陸軍即是由一位熱心的克勞塞維茨門徒梅克爾將軍（General_Von meckel）所訓練。

　　當時《戰爭論》第五版當未公開發行，出版者費拉格（Pumnler.V.erlag）先送了幾本，給日本的指揮官黑木伯爵，後者回信說《戰爭論》早已譯成日文，而這次戰役的指揮，也深受其影響。

　　英國著名的海軍歷史家柯貝特（Sir Julian Corbert）於一九一一年出版《海洋戰略原理》（Primcipler of Maritime Strategy）一書中，也指出克勞塞維茨對海軍問題的價值。

　　美國自南北戰爭以來，一直是在約米尼的影響力籠罩之下。克勞塞維茨的思想大約在第一次世界大戰後傳入美國。一九三二年的《陸軍野戰教範》，已採取了克勞塞維茨對戰爭的看法。一切的軍事行動的最後目的，都是用會戰，來擂毀敵人武裝部隊。

　　在會戰中的決定性作為，是擊破敵人的戰爭意念，並強迫他求和。而一九五零至一九五二年的韓戰，使大西洋兩岸，再度引起認真研究克勞塞維茨的風氣。

　　這次戰爭，迫使美國政府摸索克勞塞維茨，所曾最深入研究的問題：在戰爭指導中政治和軍事權力的關係，以及如何指導一個有限目標的戰爭。那也就是，不以完全打倒敵人，為目的的戰爭。越戰亦不外如此。

　　除了軍事領域外，馬克思和列寧都宣傳，從克勞塞維茨的《戰爭論》中找到戰爭與經濟關係的思想，戰爭與政治關係的思想。這一切都可以說明克勞塞維茨無遠弗屆的影響力。

　　但是這些影響，在真正情況呈現出來的，只是各人或各國自行吸收，或體會到的克勞塞維茨思想而已。

　　克勞塞維茨的《戰爭論》就如亞里斯多德的《詩學》，前者將軍事理論歸納，後者則將希臘悲劇歸納。由於治學精深，研究徹底，故能遍及每一領域及角落。

　　《戰爭論》是一本像「海洋」般的淵源著作。每一艘想駛入戰爭領域的船隻，都可以揭開它的一角，看看心目中所想像過的風光。但這是否即為真正的克勞塞維茨相貌？卻無任何標準，可以完全肯定。

第四輯 ▶ ■ ⋯⋯⋯⋯⋯⋯⋯⋯⋯⋯⋯⋯⋯⋯⋯⋯⋯⋯

早年散文作品選集

# *1.* 巴巴那瓦徹克之夜

　　到苗栗南庄的向天湖，我是一個人去的，在三更半夜裡，在東河下車後，站定一看，立刻發覺已經處於荒山絕嶺下的深谷中了。

　　從駐腳的公路邊，往下看是黑漆漆的溪澗，水聲嘩啦嘩啦的響著，茂密的森林峻陡摺疊的嶺壁，鳴應著這宏大的水聲，在黑暗中聽來，特別奔騰澎湃，扣人心弦。

　　抬頭仰望，遼遠、深邃的夜空下，高聳插天的峰頭，層層相疊，像浪濤洶湧，綿延到天盡頭。

　　當空，一輪又大又圓的月亮，鋪撒著像霜雪一樣的光芒，沉靜而銀白，嶺壁凸起的地方，光亮亮的，森林、岩壁，山路都映照得清清楚楚，嶺壁內陷的部分，暗影幢幢，樹叢和峭壁被一團漆黑籠罩著神秘、鬱沈。形成了兩個截然不同、黑白對照的世界。

　　懷著一顆顫抖興奮的心，默默地在公路上走著。

　　這樣奇異的幽麗夜色，使我又驚又喜，又愛又怕。可是，我知道，這一切還只不過是整個路程的起點呢！

　　夜之韻律，依然洶洶作響；那使人癡迷神往的「天湖」在何處呢？

　　深夜裡，置身於群山萬壑之下，就像駕著一葉扁舟航行於汪洋大海，無邊無涯的孤寂感，像穿梭在峽谷裡的寒冷山風，

從四面八方向我吹襲而來；和壯麗宏偉的大自然相較之下，人類顯得多麼渺小，轟立在眼前的，盡是一座又一座的崇山峻嶺，我將前進？抑後退內退？；一時竟令人躊躇難以決定！

在峽谷中，沿著峭壁邊走了一段路後，看到遠處有一條狹長的吊橋跨臥在溪澗上，靠公路這邊的橋頭，有幾棟平房磚屋，透著微弱的燈光。

那幾點螢光般的燈大，在黑暗中發散出很大的震懾力量，燈火原是人類生活的特有標誌，數不清的年代來，人類的群居經驗不是始終脫離不了燈火嗎？

一種人間性的、熟悉的連繫產生了因此，我驟感一陣輕鬆，不再迷惘和惶惑不安了。

走近橋頭，迎面就是兩個喝得醉醺醺的山胞，快樂地揮著手裡的酒瓶，親切地對我表示歡迎之忱。我謝過他們之後，隨即踱過那條木吊橋，又獨自穿行在滿山遍野的樹叢小徑之中。

我既明白路是哪一條，便放膽地大步走著。溶溶的月光照耀著，夜風吹來，樹叢搖曳起伏，光影斑駁，一波接一波，宛如駿馬奔馳，揚起一陣煙塵，從山腳掠過山腰，疾奔到山頂上去了。我不快不慢地走了二十分鐘後，在峽谷中的一條小溪邊，遇到第一批從山上下來的人。

他們的出現，使我放心不少，最起碼，不再感到寂寞和空虛了。蜿蜒的山勢愈來愈高，峽谷的斜坡也愈來愈陡，小徑像蛇繞樹一樣，漸漸昇高，我也在濃蔭的小徑上，精神抖擻的朝著那遙遠的嶺巔邁進！一群群已經看過矮人祭，從山上下來的

人，男女老少都有，持著竹梢，舉著火炬，沿著側谷邊的懸崖小徑而走，像遊龍般迤邐著一條活躍生動的光帶，在深夜裡，看起來，詭異壯觀之至。

經過二個多小時的艱苦攀爬，終於，我登上了最高的峰頂。

峰頂的稜線上杉樹矗立，山風襲來，濤聲陣陣，令人有振翼飛翔的豪邁氣概！放眼眺望，夜空遼遠潔淨，明月高懸中天，遠遠近近，高低錯落的巒峰，盡收眼底，滿山銀輝閃耀，一片雪白，有說不出來的澄淨和美麗。啊！大自然的瑰麗雄偉，總是令人讚嘆不止的！

穿過杉樹林，山頂是一塊狹長的台地，幾畝稻田都收割過了，露著光禿禿的短莖。我從田裡小埂道穿過去，繞了一大彎，終於在樹叢和綠竹的圍繞裡，發現了賽夏族人的村落。這就是我要來的地方嗎？

想像中的崇山峻嶺，深邃峽谷，暗鬱森林，剛才已見識過了。而如今，馬上就要看傳說中那充滿野性的狂呼和痛快歡舞的熱烈景象了，心裡實在激動得很厲害。

可是遠遠看去，除了村前廣場上的天空像燃燒般的鮮紅，和偶而傳來幾聲噪雜的喧嚷外，整個賽夏族人的村莊，顯得出奇的寧靜。

村旁一座橢圓的小山，像龐大的草堆一樣，沐浴著皎潔的月光，無限的沈寂、神秘和美麗，彷彿自天地初闢以來，就沒有絲毫變動過。

於是，我不禁懷疑：祭典是否已經結束了？或則，我根本就走錯路了？……

201

　　的確，我是走錯了路。因為有一條很深的大壕溝橫阻在前方，根本無法越過去。找了老半天，方在溝沿找到一條小徑，於是興沖沖的奔下去，到了對岸。這時，我才知道，我處的地方是在村後。

　　當我往村前走時，半途中有一家客廳裡，燈大通明，一條長板凳坐著三個老賽夏族人，旁邊一對從外地來的年輕情侶，正和他們興高采烈地一起聊著。

　　我好奇的停下腳步，並跨進客廳裡。

　　賽夏族人的房屋建築，和台灣一般鄉村的農家差不多〈指老式的〉，土牆瓦頂，客廳裡擺一張方形木桌，幾張板凳，牆角一台縫紉機，壁上掛著美女的月曆牌，此外便空無所有了。不像本省農家客廳掛有神明的畫像，或供奉著祖先的牌位，這大概是兩者最大不同的地方。

　　看到我走進來，當中一個老賽夏族山胞，立刻站了起來，露著笑容，表示歡迎。他告訴我說，山頂上夜寒風冷，露水又重，來杯烈酒可暖和身體，並預防感冒。對於這種好意，我除了連聲道謝外，內心一直為之感激不已！

　　一對年輕的情侶，男的是位記者，帶著女朋友從台北連夜趕到山上來，就是要採訪「矮人祭」的消息。他大概已喝了很多糯米酒，臉上漲紅，已經有點醉醺醺了。我們〈和那對年輕情侶〉結伴走出客廳，沿著屋邊村路，來到舉行祭典的廣場。

　　那是一個不太大的曬谷場，剛好在一個賽夏族人的家門前，四週有蓊鬱的樹林圍繞著，很隱密，從遠方一點也看不出

來。廣場上到處擠滿了人，從外地來參觀的旅客很多，甚至連藍眼高鼻的外國人都到了好幾個，熙熙攘攘，極為熱鬧。穿著鮮艷的山地傳統服裝的賽夏族少女，一個個打扮得花技招展，美麗動人，她們像翩翩飛舞的蝴蝶，在人潮裡來回穿梭，吸引了不少遊客的眼光。

有的遊客一時豪興大發，乾脆拖住她們當中的一個，加入到廣場上去狂舞一番。在矮人祭期間，這一切都是被許可的。也由於這樣，使整個廣場上的祭典活動，到處洋溢著浪漫的迷人氣氛……。

到午夜十二點，整個活動都停下來，全體賽夏人肅立在廣場上。一會兒，是一個六十多歲矮小精悍的老賽夏族人，他站在場中的一截木頭上，用山地話演講。他的神情莊嚴肅穆，宛如古代的先知一般，兩眼炯炯有光，一面凝視那遼遠無極的夜空，一面用沉穩有力的山地話對場中的族人宣示著。

老酋長講完話，一些賽夏族青年提來幾桶太白酒，用碗舀給前來觀看的每一個人喝，大家都端起來嚐一點，意思，意思。等喝得差不多了，廣場上又開始熱鬧起來。

我因為太累，對於場中那種單調的、既無鼓聲、又無音樂，只是手拉手，一進一退的舞步，並沒太大的興趣，便蹲在廣場邊的屋簷下打瞌睡。一直到凌晨二點多，纔想起來：我還沒有回家。

揉一揉惺忪的睡眼，站起身來，看到廣場上的人已經走掉一大半了。在場中的人，大概準備待到天亮才走。可是，

203

我白天有事，非提前趕回不可，於是鼓起勇氣，一個人從山上下來。

一直走到半山腰，纔發覺走錯路了。這一驚，差點嚇破膽。糟糕！糟糕！怎麼辦呢？往回走？不可能，那太遠啦！那麼，只好往下走了，山腳下總該有路吧？.主意打定以後，便靜下心來，一步一步的跨下去。.……

漸漸走到縱深的山坳裡了，淹沒在森林的無邊暗影中，四周靜悄悄，沒有一點聲息，靜，山野中的靜，太可怕了！半夜裡就算碰到了一條毒蛇或野狗之類的東西，頂多渾身起雞皮疙瘩，我並不覺得可怕。從小暗路、墳場都走過，稍微荒僻一點的地方，我是不太在乎的。可是靜，山野中的靜，彷彿跟一切有生命的東西都斷絕了，一種虛空、縹緲的孤獨感，簡直和死亡一樣地，令人不堪忍受！

我的心禁不住地砰砰跳著，彷彿激烈捶鼓一般，緊張、駭怕，對鬼魅山精的幻想，一時齊集心頭，使我心亂如麻，幾乎要放聲狂呼起來。

幸好，最後一絲的清醒的自制力，控制著我的行為，我索性坐了下來，等情緒穩定再說。我詢問自己：有誰可以幫助我？沒有。

接著我聯想到：這一切不過是幻想罷了，你要相信你自己，如果連自己都不能相信，這個世界上還有誰能幫助你呢？

一剎那之後，我宛如進入一個嶄新的精神境界，黑暗中的一切，看起來，不但不可怕，反而別有一種渾鬱的壯麗感覺。

　　繞過山坳後，在峽谷對面的廣大嶺壁上，明亮的月光，好像給上面鋪上一層銀粉一般。古人讚美「明月照積雪」為千古壯觀，但是在半夜裡，看滿月清輝流照雄偉的嶺壁，那種驚人的美麗，簡直超越了人類藝術表達的能力。

　　隔著一個深邃的峽谷，對岸的嶺壁柔和地傾斜著，樹頂幾乎一般高，因此看起來就像綠草如茵的坡地。

　　但是整個嶺壁的面積相當廣大，自高聳的峰頂垂下來，所以氣勢上便極宏偉，月光像霜雪般的在上面照耀著，襯托著四週的黑暗和寂靜，因此那皎潔的白色光芒，格外的超俗空靈，彷彿一出聲便會驚嚇了它，一攪動，或一陣風吹來，那上面的銀粉，就會揚起煙塵似的。

　　看時必須心平氣和地觀賞。古代的神話故事裡，據說每當滿月精華時分，美麗的仙女就會下凡到人間來。

　　我雖看不到這些，但此刻也像感覺到月光中，蘊含著甚麼神聖的，非人間的素質，宛如一種無聲的音樂，在寂靜中神秘地唱歌，輕柔地傳入我們的心靈之中，以致我們也跟著快樂地歌唱起來。

　　恍若在萬幻中飄浮似的，我一面被美麗的月光所陶醉，一方面輕快地朝山下走，不知不覺地終於走到山腳下了。

　　爬上一條斜坡，走到公路上，看到昨晚來時的漫遊之處，就在前方不遠的地方，心裡有如釋重負的感覺。

　　黑夜漸漸過去，黎明即將來臨，峽谷之上，穹蒼開始清澄起來。又大又圓的月亮，在遠處的山嶺上逐漸往下沉，它不再

像夜晚時那樣晶瑩潔白了，變得有點橙黃，使人想起一枚成熟
的檸檬。輕微的晨風，帶著濛濛的水霧吹來。

峽谷下的澗水，依舊湯湯的奔流著。公路兩旁的山野人
家，已經起來煮早飯了，房屋裡閃耀著柴火的紅光。

煙囪裡，一縷縷濛濛的炊煙，緩緩浮上沉靜的天空。我慢
慢朝南庄的街道走去，精神非常愉快。

不久，一輛早班車，從南庄駛出來，我搭上去後，看著窗
外流逝的郊野景色，內心裡好像完成了一件大事一般。

# 2. 淡水的永恆戀人

　　我十五歲那年，隨父親到淡水，並且受僱在父親裁縫店隔壁的一家雜貨店當送貨員。在淡水市場邊的這家雜貨店，是當時淡水有數的大商店，山珍海產，樣樣俱全，老闆娘又善於招呼顧客，每天生意極佳。

　　我的工作是：上午忙碌時，在店裡幫忙，以後的時間，或者聽電話送貨，或者在店裡打雜，直到夜晚打烊為止。這樣的工作，對於來自鄉下的我，是新鮮而有趣的，儘管忙碌，也不覺得累。

　　更令人興奮的是，在這樣大的店裡做事，可以接觸到各色各樣的人，三教九流都有，包括美麗的少女在內。

　　自己雖是區區一店員，在生意上卻是店家的代表，心裡頭有半個主人的虛驕感，因此，凡來到店裡的少女顧客們，都敢自自然然地加以端詳，或在買賣時獻殷勤，藉故攀談，或是在客人走後與同事品頭論足。

　　不過，別的店員年紀都比我大，不但有愛情的經驗，甚至有好幾個對象在交往中。我是新進店員，不論年齡、經驗都是後輩，所以大半時間，只能傾聽別人的經驗和逸聞，輪到要談自己的事，不是臉紅難以啟口，便是藉故避開不談。我為甚麼要將心頭的秘密和別人共享呢？

那個美麗的姑娘，我始終不知道她的名字。她的年紀看起來和我相差不多，也可能比我小一點吧？她住在淡海，是一個農家的姑娘，個子不高，嬌小玲瓏，記憶中，每隔一兩天，就到店裡來一次，撐著一支美麗的花洋傘，穿著白色的洋裝，甜蜜的笑容，始終流露在臉上。

只要看到她人一走進店裡，就像黑暗中，點亮燈光一樣，我整個都被吸引住了，不管多忙，一定想辦法迎上前去，問她需要甚麼，直到她離開店裡為止，我不會走開去忙其他事。

她是店東的遠房親戚，所以感覺上雙方都很熟悉，往往也會聊一些買賣之外的問候語。

但是，我不曾問過她的姓名，也不曾向老闆娘打聽，我似乎沒有想到把這件事明朗化，只當作是一件甘甜的秘密，不願與人分享。至於別人是否瞭解我的心事呢？我更沒有想到這一層。日子就在這種充滿快樂的期待中過著。

熟料在冬季的一個停電的雨夜，店裡提早打烊，老闆娘在櫃檯結帳，其他的店員坐在一旁聊天，當時談些甚麼，已經記不清楚了。

突然，結完帳的老闆娘對著我發問：「你是不是喜歡常到店裡的那位小姐？」簡直是晴天霹靂！老闆娘怎麼會問這件事？再看看周遭，其他的人停止談話，都注視著我，臉上流露著看熱鬧的惡作劇表情。

「是呀，說出來聽聽嘛！」有的人居然趁機起鬨。我尷尬的陪著笑臉，硬著頭皮撐下去，就是不肯說。

　　僵持中，我是尷尬中帶著甜蜜，因為迄當下為止，並無甚麼難堪的成份在內，關鍵只是我要不要和別人分享心頭秘密而已。

　　但老闆娘則似乎是一個胸有成竹的熟練獵人，她針對不同的獵物特性，施以不同的狩獵技巧，非常篤定地等待獵物的自投羅網。她半鼓勵半誘騙地說：「你如果不講出來，也沒關係。不過，她是我的親戚，她父母方面我應該可以說動幾分，你不要我替你美言幾句嗎？她年紀還小，大概要等幾年後才談這件事。如果你當兵回來，她還沒嫁人，歐巴桑的我可以替你作作媒。怎麼樣？考慮清楚了沒有？你若不好意思說的話，點個頭也行！」這番話合情合理，讓我根本難以防禦，再也無法堅持原先的態度。

　　雖然一顆心仍七上八下地砰砰跳，在眾目環顧之下仍略感為難，但一思及將來可能要借重老闆娘的面子去幫忙，只好豁出去地用力點了頭。

　　就像一場偉大的狩獵行動，獵人在與獵物的較智中，獲得精密計算下的預期勝利一樣，老闆娘扮演的獵人成功了，整個店裡爆炸似地掀起了一陣笑鬧聲，許多人笑得東倒西歪，講話不連貫地指著我：「你！你！哈、哈哈……」。

　　我想人們在惡作劇中，所能獲得的殘忍的樂趣，再也比不上像這樣高明的作弄了。他們在合作無間之下，讓我自動解除心理防線，將自己最純真、最甜美的心底秘密，在瞬間轉化為眾人面前的大笑料。

　　幸好，老闆娘抑制了她的表情，仍維持著淡淡的笑容，使我整個情緒沒因被欺騙的感覺而失去了控制。

　　她的冷靜使我還能體會到人性中的一絲溫暖，使我在無從分辨她的誠意真假中，勉強維持了一線自尊，漸漸從面紅耳赤的困窘中，將激動的情緒穩定了下來。

　　已經二十幾年了，我對當時老闆娘的冷靜表情，仍然無法忘懷，那當中似乎有一些親切感。可是她先前，所導引的惡作劇，又無可置疑，兩者交纏之下，我不曉得要恨她？還是感謝她？

　　這件事發生後不久，我的姨母就到淡水來找我，帶我到台北進公路局做事，淡水的一切，也就成了明日黃花。

　　二十年後，我考取研究所，才再度和同學到淡水旅遊。舊地重遊，一切都改變了。市場邊那家雜貨店，已變成委託行、專賣高級服裝和其他舶來品。店中的人，沒一個認識的，父親也早就離開淡水了。

　　剩下的，只是個人心中的記憶，我不講，就永遠消逝了。但是，這個沒有結局的感情，卻是一生中最美好的記憶之一。

　　因為它沒有屈辱感，不必看人臉色，雖然發生了那一場笑話，感覺上仍是甜蜜無比！謹以此文，紀念那永不再來的青春戀情。

# *3.* 我在大溪的鮎呆生涯

鮎呆是一種令人喜歡的魚，如果你能知道牠是甚麼樣子的話。我從小就與鮎呆結下不解之緣，所以我覺得童年那一段鄉居的生活，愈發顯得逸趣盎然了，牠給我留下了一片黃金般燦爛的幼年回憶。

並且，不單是我，大多數生長在大多數。生長在大嵙崁東南邊山麓的小孩們，誰不在長大遠離家鄉後，還深刻而綣戀的憶起，童年時在鄉村生活中，最有趣的「鮎呆生涯」？

鮎呆這種魚喜歡生活在稻田裡、池塘裡，或大水溝中。頭硬如石嘴巴寬闊，圓而修長的身材有花斑，一扇透明的大尾巴，預端還生了個鮮明的印圈。牠的性格勇敢、活潑，特別愛吃跳動的東西。

有時，我漫步在屋後的田野裡，想享受一下鄉村特有的寧靜，以消除滿腹的悶氣時，突然，一陣嘩啦嘩啦的濺水聲，從稻田的那一頭水溝急速的傳過來，好像黃澄澄的稻穗隨風起伏，形成一波一波的稻浪杉一樣，不久到我眼前前。我仔細一看，既不是鴨群，也不是田鼠，而是鮎呆和水蛇互相糾纏、追逐、激戰。

這時牠的攻擊精神真令人激賞，我看牠閃擊靈活，或跳躍，或衝擊，彷彿是一位身經百戰的壯士，技藝純熟而精良，一塊稻田追過一塊稻田，從泥濘中戰到田瓏上，直到兩敗俱傷始罷。

　　不過這種魚還有個怪脾氣，牠雖然把那些倒霉的小泥鰍、小青蛙、小肚娘，甚至小鮎呆都吞噬果腹，可是牠往往和頭上長著一對利刺的土薩魚結鄰同居，共處洞中，不但毫無爭端，還其樂融融，儼然以「護民官」自居，抗拒狡詐的水蛇侵襲。

　　幾天溫潤的春雨茫茫飄落著、飄落著……帶給新綠的秧稻一陣溶溶春水後，耀眼的陽光又在天邊乍現了。雖然天空還是白雲籠蓋，但藍天中仍然流照著歡燦的明光，幻出更為綺麗幽然的雲影。這無疑的是一個可愛的天氣最適合釣鮎呆的天氣。我禁不住的偷溜出去，找阿洋他們，結伴到屋後的稻田水溝裡，歡欣雀躍的展開我們的「鮎呆生涯」。

　　我們的行當很簡單很輕便，戴頂斗笠遮蔽太陽光；一根短短的釣竿，纏上細麻線的釣竿，纏上細麻線，綁個大鉛錘、大彎鉤；到菜園裡挖些蚯蚓，用樹葉包好捏在手心；至於釣上來的鮎呆呢？撕片長茅的莖葉穿過魚鰓，一條一條的貫串起來，既方便又省事。這樣，我們就開始一天的行程。

　　我們不喜歡到大池塘去。像大人那樣枯坐整天動也不動，這種樂趣我們是既不需要，也不耐煩。釣魚原是一種戶外生活的藝術，最高境界在於活潑、自然，能深深沈醉在姿態優美的揮竿動作中，而不是死板板地坐守釣竿，呆呆的凝視流水在勤盪泛漾。

　　釣鮎呆的好處是，一面可以沿途飽覽清麗的田野風光，面還可以充分領略那種靈活的揮竿滋味，和閃電般得魚時的狂喜，無疑的是最對我們少年郎的胃口，令我們躍躍欣喜了。

212

　　我們經常在晨曦初煥，曉霧未散，慵懶的大地還沉睡在清新的寧靜裡，就取道屋後的圳路出發。這時除了在圳溝洗滌衣裳的鄰家婦女，晨起在池塘邊飲水的耕牛，和在竹叢裡跳叫的麻雀外，就數我們一夥兒最早啦。

　　我們往往路遍水源頭稻田的每一條田埂小徑，凡是藏有鮕呆的可疑石洞都不輕易放過，最起碼也要用腳頓地嚇嚇牠。有時，我們迴路到被翠籬竹掩蓋的下厝邊大水溝，那裡陰涼又清靜，因此鮕呆繁殖得特別多，可以心滿意足的釣個痛快；有時則南行到稻田整齊、溝洞很多的內柵路，和滿池水蓮花叢生的新埤塘。

　　這裡水源豐盛，所以鮕呆都是陳年的，特別肥壯，但由於溝洞都被藤蔓草掩，很難垂釣。所有這些地方的哪條水溝，哪塊稻田，哪個石洞，乃至藏有怎樣大小的鮕呆，我們是十分瞭解於胸的。在這些熟悉而美麗的地方漫遊，心裡感到很親切、很高興，我們恣意歡暢，為所欲為，可以釣，可以不釣，沒一絲兒牽掛。

　　當然啦，釣小鮕呆是頂容易不過的，覷著牠在洞口遊戲，馬上落釣……餌纔沾水，牠就飛也似的竄遊過來，唧了就走，我們隨時像擊高爾夫球似的，往上一揮，準定「劈哩啪啦」的釣到一條。

　　但鮕呆稍微大些就相當機警，如果讓牠聽到腳步聲，或剛在牠出洞時發現上面有人蹤，那牠就說時遲，那時快倏地溜退進洞，只攪渾一淌泥水，卻不上當吃餌。這時聽任牠在洞裡驕

傲的「咕嚕、咕嚕」一作響好了，我們先往別處去，靜默一陣子後，牠又露頭出洞來了。

這回，我們注意別發聲響而驚嚇了牠，那麼小心地把釣餌垂落下去，在牠的旁邊滴嘟、滴嘟宛如青蛙在跳躍，只見牠，這時偷偷覷準了餌，沉思一會兒……猛地張口咬進嘴裡，再靜待一刻兒，好，沒動靜？好像劫匪得手後，害怕刑警在半路攔截一般，不顧身形暴露的逃竄，一溜煙地捨命唧入洞中。

這當兒，我們也應時發難，很快的朝外一個頓扯！這一頓扯的力道，兼具探測是否中鉤，和避免進洞過深，拉出時有困難的作用。

要等確定中鉤，然後做半圓弧拋物線使勁的揮上來，那麼我們便釣到一條在陽光中黃鱗耀芒，劇烈蹦跳掙扎的鮐呆了。但先別高興，要是勁道不適合，很可能魚要被揮到半空中，而掉落在稻田中央的泥濘裡，只剩一場空歡喜。

鮐呆隔年後，就變成老鮐呆了，大概是當祖父了吧！顯得那麼沉穩、神秘、精靈，原來身上黃褐色花斑褪了，換上蒼綠色的斑紋，在叢滿墨綠色苔蘚的洞邊優游從容，宛如是涵養高深，道貌岸然的學者。這時，釣的人就需要豐富的經驗，靈活的動作，和熟練的技巧了。

老鮐呆通常喜歡那些較偏僻的，水源豐沛不竭的、石洞深邃彎曲的地方，我們往往看地勢如何，就可以判斷目標的大小，但時間的選擇卻是最重要的，時機不成熟，仍要白費心血徒勞無功，釣不到甚麼，彷彿那兒根本沒有秘藏過鮐呆形蹤似的。

最佳的時間是在寧靜的早晨，當太陽已高懸在明潔的天空，而林野仍閃爍著朝露時，或午後，當晴天麗日的高溫稍斂，而涼爽的樹蔭把洞口遮蔽時，或在落日餘暉裡，晚風徐徐，農人已罷耕要荷鋤牽牛回家時。這些時間，都是自然變化，陰陽更替的時分，萬物都受影響，在心靈深處充滿著無形的騷動，或歡欣、或沉鬱、或悲戚，不及平時的靜定，所以是我們垂餌落釣的最好時機。

這時候，我們大可輕靈地潛襲到目標附近，偷偷從雜草縫看去，只見牠正意態從容的，或戲水，或攫食，自得其樂。於是藉著風吹草動的自然聲響做掩護，把麻線上綁好的釣餌緩緩垂落……恰恰離牠旁邊或洞口不遠不近的地方，剛好能讓牠自然去發現。接著，將釣竿一提一放，使釣餌好像泥鰍在戲水，那麼牠會感興趣很快的游過來，「喀！」一聲沉響，宛如我們掩上木盒蓋一樣的輕脆聲……猛地牠把餌含在嘴邊，沉穩地撤退到洞裡，彷彿中了鉤一般。

咳，別篤定，誰要用力一拉，準發現鉤上空空如也，要氣得直跳腳。因為「薑是老的辣」，牠的「經驗」太豐富了，不輕率把釣餌吞進腹裡，只是含在唇邊，等我們一拉，牠馬上張口鬆開，脫掉麻煩。

我們要打定主意，儘量讓牠往裡拖，但要微微將竿撐住，使牠更緊張、更急迫的向深處逃，這樣一來，牠才會把餌慌忙的吞嚥到肚裡……有相當限度啦，我們才開始繃緊麻線，也沉穩地往外拖。

這是最令我們高興的時候了，只聽牠在洞裡翻天覆地的掙扎聲，有如悶雷轟隆、轟隆，泥濘水不斷的往外迸濺，隨我們的意志一步一步被拖出來。被提吊到上面的鮎呆，最好馬上拿斗笠蓋住，然後雙手趁牠在線上蹦跳時，立刻捉緊牠，才不致再被逃落又躍跳到稻田裡。當然啦，到手後又溜掉的機會很多，但很少人會不服氣地捲起褲腳去抓回來。

經驗告訴我們，與其在泥濘水渾濁的稻田裡，拆垮人家的石坡，把手伸到黑漆漆的洞內，或抓不到什麼，或錯撈一條咬人的水蛇，或當我們把屁股翹得老高，正低頭摸得起勁，背後突然火辣辣的竹鞭沒頭沒腦地抽下來，害得大家要逃無路，搞得一身泥濘，回家又要挨揍……那麼不如等下次重新再來吧！

啊，當我們雙手捉緊一條猛力甩擺尾巴，背脊上怒張一道劍鰭的大鮎呆時，心中的狂喜興奮，真非筆墨所能形容。也不想再繼續釣下去了，就這樣緊緊捏著，快快樂樂地跑回來。而在半路上，誰看見了，都要睜大了眼睛，「噯！」的驚嘆一聲，搖搖頭注視著，那在揚起的灰塵裡，越跑越遠的身影……。

不過，大鮎呆的數目總是有限的。人人釣，天天釣，剩下來的大部分都是，小鮎呆群。不過，也較容易有收穫。大概幾條圳路巡迴下來，大家手裡都有一小串鮎呆。太陽天裡，釣起的鮎呆容易乾死，所以必須沿途不斷的浸浸水，清澈涼爽的溝水裡。

這一串串鮎呆活潑潑的跳動著，濺起的水花照耀在燦爛的陽光裡，亮晶晶的像珍珠非常可愛。天氣太熱的時候，我們就

把釣具和魚放在池塘邊或水溝裡，一個個光著屁股溜到水裡去摸魚，等大家玩個痛快後，再穿回褲子繼續「行程」。

有時運道不好，我們的收穫不佳，就把主意打到鄰家的魚池裡，像吳郭魚啦、鯉魚啦……都是貪吃的傢伙，一如餓鬼似的鮎呆，幾乎一垂釣就有魚上鉤。

不過，這時候，大家都是懷著七上八下、半喜半憂的心情。因為說不定池塘主人會鬼魅似的拿著竹鞭在身後出現，災禍從天而降，於是大家哇哇哀叫，捨命奪路四散奔逃，鮎呆也罷，釣具也罷，統統不要了。

然後，就像戰火餘生的殘兵一般，在附近的樹林裡，一張一張苦笑參半的小臉孔出現了，大家都懷著幸災樂禍的心情，指說各人剛才落荒的狼狽樣子。暴風雨過去了，大家又高高興興的另圖良謀，或分道回家。

啊，童年的歲月竟是那樣的燦爛，無限的幸福，每一憶起，就令人懷想不已。撥開時間的雲煙，這些往事，就化為活生生的事實，清晰新鮮，歷歷在目。

我記得怎樣的把大鮎呆養在井裡，每天看牠從容出來，優游的吞食我們投落的飯粒。小淑德則高興的切碎小鮎呆，餵飼那邋遢的小番鴨，年節的豐盛全靠這時的殷勤呢？

啊！時光不能倒移啦！何時重溫「鮎呆生涯」呢？

# *4.* 淡水的不知名大哥

　　十五歲那年，我一度在淡水，受僱在市場邊的那家大雜貨店，當送貨的小伙計。

　　雜貨店的生意，早上最忙，顧客進進出出，宛如潮水般地沒有停歇，樂得櫃檯上的老闆娘，滿臉含笑地收錢、找零並和熟悉顧客打招呼。

　　特別是淡海來的馬先生，負責蛙人部隊的伙食採買，交易量極大，老闆娘一看到外面，軍方採買車停在店口，趕忙走上前，親熱的叫著：「馬先生早！馬先生早！」唯恐怠慢，失了禮數。

　　馬先生待人和氣，買店裡的束西，很少挑東挑西的，因此，店中的伙計，個個喜歡他，逢著廚房欠缺甚麼，一通電話打來店中，立刻就有人，騎腳踏車送去。誰有空誰送，也不一定輪到誰。

　　民國五十年，春節前夕，是我送花生油一桶，去淡海的部隊廚房。我速度飛快地趕到，伙伕看到我這麼快，掀開熬氣騰騰的竹蒸籠，拿出一個大饅頭請我。我嚐過這種饅頭的滋味，的確很棒，淡淡的甜，有彈性，比街上賣的白鬆鬆的饅頭，那強太多了。

　　我邊啃著饅頭，正要走出廚房，有人叫我：「小弟！請等一下！」一看，有個年輕的軍官喚住了我，向我招手。我以為有甚麼吩咐，就跟著他去。

到他的宿舍，他從抽屜中，拿出一個紅包，說：「這個送你過年！」

我大感意外，不過還是接過來。對他鞠躬道謝後，我就退出，再去廚房前，騎車、帶空油桶回店。

當時心裡充滿好奇和喜悅，萬萬想不到有人送我壓歲錢，而且非親非故，只是曾在店裡見過一、二次面，連姓名都不知道地的軍官。

不過在營區時，我不敢抽出來看，以免恰巧被發現，就尷尬了。

另外，老闆娘平時一再叮嚀，入營區，不可東張西望，不能到處亂闖，否則挨了槍彈，誰也擔負不起。

因此，騎回半途，經油車里高爾夫球場門前，我才敢從褲袋裡，掏出來看：有多少錢？

紅包內，是兩張嶄新的拾元新台幣。而我當時在雜貨店的薪水，每個月才五十元，約等於我的半個月的薪水。這實在是很大的人情。

我出身農家，清苦日子過慣了，幾不曾有五塊以上的零用錢。過年的壓歲錢，只是借給孩子放放，一點也不能花，過了大年初一之後馬上就被收回去了。至於薪水，依然要一五一十地繳到母親的手中。

可以說，從來不曾擁有的私錢，如今居然憑空獲得，該是如何興奮！腦中立刻想：要不要告訴別人？不！還是不講，以免被拿走，或要破費。至於家裡，則仍須考慮、考慮。我總該有一點自己的錢吧？反來覆去，亂成一團。

我後來決定,過年時,用那二十塊買件新夾克穿。一直穿了好多年,我還覺得它有紀念性捨不得丟。問題是,過年不久,我就離開淡水,到台北做事了,再不曾碰到那位曾送我紅包的青年軍官。

如今我已聯想不起他的容貌,只有他那筆直的軍褲、黑亮的長筒馬靴,以及文雅的外表,依舊縈迴腦海中。

幾十餘年過去了,不知名的淡水大哥,你在哪裡?

# *5.* 母親與庭園中的芭樂樹

## 一

　　大溪老家的庭園中，有二十幾棵芭樂樹，是我當兵前種下的，印象中一直都蓊蓊鬱鬱的，翠綠異常。三十多年來，每次回大溪，看到這些長青的菜樹，就不禁勾起幼年時期的許多回憶。由於常常看，那翠綠的姿影太熟悉了，彷彿它永遠會這樣挺立在庭園中，永遠是我生活中的回憶的一部分。

　　可是之後，我發現芭樂樹開始枯萎了，一棵接一棵，像染上瘟疫似的，一直惡化下去。剛染上一種枯葉病時，母親每發現芭樂樹的葉子一有枯萎，就馬上砍掉它，免得傳染。

　　但此種惡化的情況一開始之後，就沒停下來過。所以庭園中的芭樂樹，很快地只剩下最後數棵了。但那乾枯的樹枝，落光葉子，黑禿禿的，像老人無肉的手掌，伸在空中，隨夜風飄搖。我偶一回首，看著它們，竟覺得它們是在暗啞地對我揮手告別似的。

## 二

　　庭園中的這些芭樂樹，是我托人從彰化的二水買回來的。當初，由於沒經驗，不敢奢望，只求種下後有一半活著，就算

幸運了。不過，大出我意料之外的順利，居然每一棵芭樂樹都活了。

我在那年春天才種下，到秋天就開花結果了。

庭園的土地本就肥沃，水源又豐富，加上母親常倒一些雞糞、垃圾上去，更使樹木長得茂盛油綠。開花的時候，密佈著小白花，如寒梅初綻，一片雪白；風一搖曳，宛如細雪紛紛飄落。

等花瓣稀疏後，豆粒一般的幼菓就乍現了。像綠豆大小的幼菓，顏色由綠轉淡，菓子的體積也逐漸碩大，不久就成熟了。

有些熟透的，呈淡黃色或淡白色，散發一種芭樂特有的芬芳，挺清甜沁人的。

不過，這種熟菓，很容易落地，只要強風一吹來，枝搖葉擺稍劇，菓子就會噗答、噗答地，一直往下掉。一旦掉到了地上，就只有讓它繼續腐爛到底，讓它等待到其中有種子萌芽時的另一次新生；或者乾脆被人撿回家去餵給豬吃的命運了。

若有鄰居想要我家芭樂菓的話，母親會隨時摘幾粒給他們。有時則鄰居們會乾脆自己動手，就在樹上挑自己喜愛的來採。對此，母親說，粗俗之物，大家愛吃，就去摘吧，反正自己也吃不了那麼多。八、九月是盛產季節，每天都有一大盆成熟的芭樂，母親常叫我拿到鄰居家裡送給他們。鄰居則回報以青菜、竹筍之類的。

鄉村的生活，只要人們不是太窮的話，就比較富人情味。平時你來我往，有事互相幫忙，彼此都很親切和熱絡。分享像

芭樂或青菜之類之收穫，也是生活習俗的一環，不足為奇。叫是如果人們太窮的話，就連芭樂這種粗賤的水菓，也是得之不易呢！

## 三

本來，在鄉下種幾棵芭樂樹，也沒甚麼好誇耀的地方。因為野生的芭樂樹，在鄉下到處都有，像野草一樣，繁殖力甚強。院子前後，以及菜園裡、水溝邊，總有那麼幾棵野生的芭樂樹。但野生芭樂，苦澀、堅硬的多，清甜、脆軟的少，好的品種頗為人們所喜愛。而鄰居中的某一戶人家，在二上十多年前，正好在庭院中種了一顆甜脆的芭樂樹。

當時我家裡很窮，買不起任何水菓。每當我從鄰家圍牆外走過，看著樹上結滿了纍纍的果實，麻雀跳著、叫著、飛著在那兒啄食，風裡飄散著陣陣香味，就一直渴望從樹上，能否就剛好落下一粒來讓我撿啊！

有時，看到鄰居爬到樹上摘取，我和其他的小孩則在樹下痴痴的等，心裡還不停地想著或許他會慈悲的丟給我們幾粒吧？……

那種壓抑著自尊心，渴望、羨慕有一點水菓吃的難堪景況，多少年後，仍歷歷在目地出現在回憶裡，思之令我難過和臉紅。所以在往後的歲月裡，我絕不允許自己有等待別人施捨的懦弱心理，縱使在愛情的領域中亦然。

在我未進師大和台大讀書之前，由於學歷太低，女朋友很容易被搶走，可是我從不後悔，而堅信自己的才華終有放光之一天。果然，就像俗話所說的「有志者，事竟成」，我不但結成了婚，還能擊敗其他大學的菁英，而考進台大唸研究所。

種芭樂的心情也是這樣，童年時的饞嘴和難堪的黯淡回憶，使我在年紀稍長之後，萌生一種求償的心理：或許是想藉以抹去不光彩的過去吧？於是才想到種幾棵芭樂樹過過癮。

當鄰人從小我的手中接過我種的芭樂時，那曾等人施捨的可恥記憶，會為之淡化了；偶而想起來，心裡也會好過一些……。

我種的芭樹是四季生的「名種」，肉甜而脆，且硬子很少，是芭樂中的上品，故鄰居頗羨慕我有這種珍貴的東西，反而我自己覺得它平淡無奇。一度那樣渴望的東西，居然沒有欣喜的感覺，我也不明白為甚麼？

也許是我不想再勾起回憶，也許是我的心理歷程，已到較成熟的階段了。當初，我在庭園中種芭樂樹這件事，其實是帶有我個人的生命氣息和生活的實踐在內。但是，時過境遷，我再也感受不到那種心情。

## 四

種了芭樂之後第四年，我就到竹北來常住，以後又一直在飛利浦公司做事，直到退休。記得過去我每次回家時，都看到家中大籃小籃裝著摘下來的芭樂，或曬乾的芭樂片，所

以我人還未踏進門，老遠就可以聞到一股甜甜的芭樂果的清香味。

我放完假要回竹北時，母親又大包小包塞給我，要我一路吃，或分給竹北的鄰居吃，好像我跑這一趟路，就是為了吃芭樂的緣故。

這十幾年來，我對這樣的模式已習以為常，以為不會再有甚麼變卦了，而且照顧芭樂樹的工作，也帶給我母親生活上的一些樂趣。

她的年紀已大，身體又差，我們兄弟又都在外頭謀生，偌大的家園就剩她一個人，實在很寂寞，能有個事忙，整個人才有精神，身體才會硬朗。

可是，突然間芭樂一棵一棵枯死了，每枯一棵，母親就砍掉一棵，空出來的地方，我母親就改種蔬菜。對庭園中的芭樂樹之存在與否，我母親視為是稀鬆平常的事，當砍則砍，毫不猶豫。

然而，對我來說，那些象徵著我的童年記憶和生命的成長歷程，遽然間就要消逝了，那種無奈、惋惜的感觸，就像深秋的寒風，在心頭吹襲，一種淡淡的苦悶，在內心裡盤據了許多日子。宛若一個熟悉的朋友，一長串的生活影子，就要和我告別了，我除了道一聲：「再會！」又能說甚麼呢？

# *6.* 謎樣的父親

　　「這個世上，如果有人一直想殺我，那就是我的父親。」
這是離別多年，卻又突然造訪的L君，在書房裡對我說的話。

　　多年不見的L君，突然談到他的父親要殺他，令我不禁莫
名地震驚起來。在我再三追問之下，他才說：「你知道的，他
很好賭。我母親過世後，他把家裡的東西都輸光了，常找親
戚、朋友借，不還，沒有人要借他，看到他來，像看到鬼一
樣。我哥哥幹船員，過去人在國外，還寄一些錢回來給他，現
在跳船到中南美洲去，又已成家，沒錢寄回來，他就逼著我要
錢。我的薪水，你是知道的，除了伙食費、房租和抽點煙外，
剩下的全給他了。但他說不夠，要還人錢，不然對方會找兄弟
殺他。」L君茫然地猛吸著香煙，看著我，猶疑了一下，接著
說：「每次也這樣說。但錢一到手，沒還債，又輸光了。他要
我向工廠借，我不肯，他就在大門前，當著眾人罵我不孝！對
我拳打腳踢。同事看不過，說好說歹，把他勸住，又借我一些
錢給他，他才走了。」

　　「以後呢？」我問L君。

　　「以後他還是來工廠吵鬧要錢。我只好換工廠，但是，他
找人的本領高人一等，比他賭博的技術強多了。我去到哪裡，
不久他就跟蹤而到，兩個人像在捉迷藏似的。後來，我索性不

上班，躲到南部鄉下去，他才找不到我。不過，他一再放風聲，養子不孝，非殺了我不可！我從好幾位朋友那裡，聽到他這樣地咒著。」L君這樣回答。

他又問我說：「你的父親呢？」

我說：「我不知道。」

「沒消息嗎？」

「沒有！他要出現，自己會出現。不然誰也找不到。過去，他半夜回家，喝得醉醺醺的，叫人用計程車載回來，到家裡不省人事，我母親痛罵、暴怒，甚至拿棍子敲他，他都沒反應，只管呼呼大睡。這種鏡頭，小時候看多了。

「以前感到害怕，後來則感到厭惡。但是，奇怪得很，回來第二天，一大早，別人還沒起來，他已走了，好像專為在家過一夜似的。我很想在早晨碰到他，和他說幾句，卻總是晚了一些。因此，我也不知道他的用意何在？」

「你父親真是比我父親還怪！我父親的心事和行為，一看清清楚楚。但是你的父親為甚麼會這樣呢？你有沒有仔細想過？」L君問。

我不知道怎樣回答。

送走L君後，我在書房中想看書。可是腦海中一直縈迴著L君的問題：「父親為什麼會這樣？……」

像謎樣性格的父親，恐怕很少人能瞭解他的人吧？除了由他本人講出來外？不！恐怕連他自己也不太明白自己吧？有時，從父親的性格，會讓我聯想到父與子的差異性。

　　在傳統的中國倫理體系中，父母的權威是很大的，子女的義務，就是孝順。父母的行為如何，子女是管不著的。一個人在甚麼樣的環境下誕生，完全靠運氣，自己並沒有選擇的權利。一但在哪個家庭出世，他就必須承擔或分享這個家庭的榮辱，連容貌、體格、天資都大半決定了。

　　我似乎很小就明白，這是無奈的，對家庭的變故，因而沒有感到特別的不幸。我對父親的離家出走，除了幼年，因受鄰人和同學的歧視，會為之激動、悲憤和難過外，當年歲漸長，也隨之在心境上變得淡然了。

　　這種諒解的心理變化，也非多高超的開悟，而是在社會奔波久了，看到許多比自己更為悲慘的不幸遭遇，心裡自然會因憐憫他人，而釋然於自己的處境。

　　史懷哲在他的《自傳》中，提到人類只有在本身遭遇痛苦時，才能體會到別人的痛苦。並且這種相互的體會，就是人類關懷彼此，創造和平的推動力量。他的這種看法，的確是能令人信服的經驗之談。

　　我沒有這樣崇高的聖哲情操；但我仍是依賴同一經驗，而走出家庭不幸加諸在我心靈上的陰影。因此，我生平中，從無自卑之感。但，我在嘗試地瞭解和改變父親的努力中，我卻不得不承認是失敗和不瞭解。

　　回想起來，父親對我算是不錯。在五個兄弟中，他對我有更高的期望。他認為中國近代偉人有二個：孫中山和蔣介石。孫中山的相片印在鈔票上，在他的眼中，等於財神的標記。

　　蔣公以前常到大溪，每次來，沿途都有憲、警站崗，鎮上的人暱稱為「阿石伯」，就像一位有地位的長輩回鄉一樣，在嚴肅中洋溢著光彩。父親於是將這二個偉人的名字，各取一字，為我取了個小名，叫「介山」。

　　我幼年瘦小頑皮，人家說是「鐵骨生」。鄰居的小孩，看到我很會爬樹，便喚我的綽號為「猴子山」。我氣哭了，父親就安慰我說：「他們不識寶，你不要見怪。你以後一定要他們，稱你為『阿山伯』才行。」

　　這個安慰，其實也不高明，因為「阿山」是「外省人」的代名詞，我的「阿山伯」終究當不穩。不過，如果他一生中，曾留給我一些溫暖的回憶，那麼這件事，算是其中的一件。

　　父親在我讀國小三年級時，就賣光了田產，然後一個人遠走高飛。母親則千辛萬苦，照顧一大群子女。但食指浩繁，無法維持，於是三個妹妹送人二個，兩個哥哥國小畢業就去當學徒；弟妹由母親帶到表舅家幫傭，我則寄居伯父家，吃盡苦頭，全家自此骨肉分離，聚散無常了。

　　我父親為甚麼要賣田產？我記得當時家裡：有幾十甲田和兩個池塘，有四條牛，二個長工，土角厝的房間有八、九間，非常寬大。若跟鄰人多半為佃農的苦境相較比之下，我的家庭應屬富農等級，所以大溪鎮上不管是殺豬的、消防隊的、裁縫店的、賣焦炭的或挖煤礦的……都常常到我的家裡來喝酒。

　　我家裡豬寮的豬，常由這些酒伴宰來下酒，他們臨走時，每個人還提著幾斤豬肉回家。大溪鎮上有些婦女們發生

吵架之後，也會從街上來到鄉下，急著找到我的母親來傾訴對方的不是。

我父親可以說非常好客，宴席不斷。他那些朋友，有時喝完酒，脾氣一爆發，在家門口就毆鬥起來，順手敲破酒瓶，用鋒利的破片傷對方，皮翻肉綻，鮮血淋漓的場面，也經常出現。

最驚心動魄的一次，兩個醉漢激烈毆打，扭成一團，雙雙滾入家前不遠的池塘中，弄壞了人家的絲瓜棚，在爛泥中混戰，夾雜著身上泥濘和鮮血，就像瘟神惡鬼在狂舞著。奇怪的是，勸架的人，總是等打架告一段落，才將其制止、拉開。而打架的人，過後也未成仇人，還是照常來我家中喝酒。

母親譏嘲他們是「豬狗禽獸」，他們也不以為意。問題是：這些喫、喝和打架，並不拖跨我家的經濟情況。一來東西是現成的，連酒都用米私釀，不必花錢買，再者父親除了喝酒外，從不參與打架，醉了就睡。這也是母親能夠容忍的原因。

那麼，父親為甚麼要賣田產呢？據母親說，是算命的告訴他：活不過三十五歲，所以他說要「享受一下人生」。田地分好幾次賣，賣了錢，就在街上開煤炭店當老闆，又頂了彈子房，同時和人同居。

其實他根本不會經營，只是裝闊，而任店員舞弊。女人方面則花錢如流水。母親似乎也被「宿命觀」所震懾了！她不敢干涉父親的揮霍，只在暗中節省，以便籌措家裡大小的日後開銷。但父親最後一次的賣田，卻是幫人競選鎮長，希望當選後有個秘書幹。結果完全落空，變成一場噩夢。

　　母親是堅強的人，她以「天意」來接納父親的失敗。父親則靜默地蟄居家中，足不出戶有二年之久。昔日的酒伴也絕跡不來了。父親的事，成為鎮上的笑柄，鄰人竊竊私語。面對這種尷尬的處境，家中的人並無怨言。母親的堅毅態度，使家中在低沉的暗影中，還維持著穩定的生活步伐。大哥、二哥出外當學徒了。他們原是勤奮的青年農夫，既無田地可耕，只得改行。弟妹還小，我要幫忙照顧；洗衣、煮飯，上山打柴，樣樣都來。時至今日，鄰居的年長婦女，還佩服我當年能跟她們走長遠的山路，去挑茅草和雜木桿。但是，在學校，則因遲交學費，常被師長羞辱和同學嘲笑。我瘦小，打架輸人。但智慧漸長，課業進步神速。「一目十行」、「過目不忘」，我當時真的有這種本領。起初，師長看我不按時交作業，寫字鬼畫符，全身髒兮兮，像瘋三的邋遢樣子，不相信我考試成績這麼好。懷疑我作弊，又捉不到證據。以後，則不得不承認我是「天才」。

　　父親對我的讀書本領，有敬畏感。他對大哥的背書，用花生米獎賞和針刺眼皮來考驗。對成績不佳的二哥，老實不客氣地用木棒敲腦袋。對我的快速、準確的本領，他簡直不敢相信，因此有點縱容。連我去小雜貨店代他買酒時，偷扣錢，買糖果吃，也不計較。母親則對我的行為「嫉惡如仇」，掄起竹桿便打，連我痛得躲入床底也不放過。

　　父親在蟄居二年之後，說要去土城附近的海山煤礦當礦工，賺錢回來補貼。初時，還有一些錢寄回來，以後就沒下文了。母

親要我去看看，我生平第一次搭公路局離遠門，七問八問，總算在工寮找到父親，他正和一堆人在床上賭四色牌。另外，有一個要我叫她「阿姨」的，我立刻明白：她是父親的新歡！

我回家告訴母親，母親怒火沖天，要我帶她去和父親理論。但父親早已行蹤不明了。以後，據說在淡水、在台北，各待一段時間。我聞說，也前往探望。他仍然重操老本行年輕時的裁縫手藝開西裝店，照例有女為伴。母親在海山煤礦後，徹底失望，絕口不再提父親的事。有人問起，就說：「他死了。」

有人建議母親改嫁，她猶豫不決，我堅決反對，於是改嫁的事作罷。但生活要維持怎麼辦？當時大哥在桃園學藝，於是母親去桃園表舅的貨運公司幫傭。弟妹跟著去，我則留在大溪，以便繼續學業。

然而，我雖以極優異的成績考取初中，卻唸了一年，即繳不起學費，輟學到台北謀生。經過十八年，弟妹已長大，我才靠自修中學課程並通過教育廳的學力鑑定考試，再先後考取台師大歷史系和台大史研所。

總之，父母給我的最大資產，是優秀的秉賦，讓我在激烈的考場上，經常擊敗實力堅強的對手，而取得進修的機會。這也是我在日後，還能對父親能諒解的最大原因。

成年後，我對父親已無思慕之情，卻陸續聽到他的年輕軼事。在台北的姨母告訴我，她欽佩父親的仁慈。我問：為甚麼？她說從前我家田地未賣時，家境很好，大溪鎮上某姓家

族，還未以採煤起家成鉅富，貧窮無東西可吃，曾到我家池塘中偷採茭白筍，我父親耕田回家，遠遠看見，卻趕快避開，以免尷尬，又傷對方自尊。這是我第一次，從意想不到的角度，來認識父親。

另一件事，是岳父告訴我的。他說我父親是鎮上著名的美男子，自幼便被富有的江家收養。月眉厝江家幾乎每天應酬宴客，屋前的溝水，因殺雞鴨，經常是血紅色的。我父親在這樣的優渥環境中長大，本身又學過裁縫，所以漂亮的衣服和光鮮皮鞋，始終是鎮上年輕人中，最最領先流行的。

我父親精於劍道，是罕見的奇才，在大溪的武德殿競技，曾連敗十八名高手，直到被岳父所擊敗。岳父以武藝藝高超，自日治時期，即任警察，地方的惡少、流氓，對他畏之若虎。光復後大溪公園旁的蔣公官邸，也一直由他擔任管區。他告訴我，蔣公來台初期，生活節儉，餐桌上的一根香蕉，分兩餐吃，官邸的椅子不夠，他也幫忙去借過。岳父可以說是一生廉潔正直的人，他的話，有高度的可靠性。他提到父親在「三七五減租、耕者有其田」政策實施初期，因太過迫切，佃農和執法者都不夠友善，父親憤而執武士刀，立於田中，阻止接收。執法者和佃農，大為緊張，招來軍警，攜槍帶械，趕至現場，雙方對峙，嚴陣以待，生死瞬息可判！我岳父請大家退下，由其處理。

他未帶刀劍，以友善的態度走近父親，告訴父親說，如果認為老朋友會欺騙他，就請出刀，他被殺也甘願，絕無怨言。如果肯相信，老朋友即以生命擔待，不讓我父親受委屈和遭

233

受報復的處罰。結果，父親將刀交出，說他只是氣憤對方態度惡劣，要給對方一點顏色看罷了。最後終在一場虛驚後，圓滿解決。

我並不知道父親精於劍道，因他從未在孩子面前提過，但我知道家中藏有武士刀，放在牆壁和屋簷相接處，我是掏屋簷的麻雀窩，無意中發現的。不過，我不敢去碰，這對我是嚴重的禁忌！我也不曾告訴旁人。直到岳父告訴我關於父親的往事，我才加以聯想起來。

然而，怎麼樣也無法想像父親執武士刀立於田中，要和人一決生死的樣子。父親對鄰人非常友善，一副文質彬彬的模樣，他在農具上也勇於作改革，讓鄰人覺得新奇。可是，對他的荒唐生活，除了令人搖頭外，真是充滿了不可解的謎。我不知道如何對這樣的性格，作合理的解釋？

父親的生父過世時，我受託從台北將他找回來。兩個人坐計程車回大溪，一路默默無言。車在公路上奔馳，窗外寒霧濛濛，不知為什麼？當時我心中不斷想著：落霧大地！霧落大地！……

後來我在師大唸書，他帶一個朋友到竹北我居住的地方來看我，我未招待他。他似乎只在證明他有一個唸師大的孩子，卻又用日語稱我為「江先生」，我實在不解其用意，只得匆匆藉故走了。從此，再也沒有見過他。前二年，我回大溪，有一個鄰婦告訴我：從台北來一個人，說我父親投水死了。因他的朋友的裁縫店，不讓他吃飯，他憤而投河。事情的真假，無從得知，也找不到他的蹤跡，就像在霧中失去了身影一樣。

# *7.* 台灣布袋戲與印尼布袋戲

　　在台灣長大的孩童，大概很少沒有看過布袋戲的。當然三十歲以下的，看的是電視上演的金光布袋戲。像我這樣六十出頭的人，則喜歡看廟口搭棚演的傳統布袋戲。在從前娛樂不多的時代，我寧願半夜經過墳場的路徑，走到幾公里外的地方，去看一場布袋戲。以現在的青年看來，有些不可思議吧？

　　不過我也沒想到，幾十幾年後，有一個住在地球另一邊的西歐荷蘭人，會在台灣和我大談起布袋戲的種種。

　　我雖然在台大歷史研究所專攻中國近世的宗教思想史，卻非研究布袋戲的專家，幸好找我的荷蘭人也不是要我專談布袋戲的技巧問題，毋寧是透過台灣布袋戲的木偶，來瞭解背後的民俗思想和象徵意義。在這一點上，我勉強還可以勝任。

　　不過，這篇文章裡我要談的，是一個西歐的荷蘭人為甚麼喜歡布袋戲？以及他收集亞洲各國的布袋戲木偶，然後逐漸由業餘變成一個專家，準備寫書出版的過程。

　　我認為這是西歐文明影響下的個人，顯現在知識追求方面的優良傳統。

　　換句話說，我除了談有關布袋戲的問題外，也打算以這個荷蘭人的民俗收藏為借鏡，看看我們能否從其中學到一些甚

麼？使我們也能在自己的傳統中，重新發現一些值得我們珍惜的民俗遺產，並深刻地理解它們，使之成為我們生活的伴侶。

「溫啟德」是到台灣才取的中國名字。原籍荷蘭的W. Kuiten，是一位出生在荷蘭和德國交界的機械工程師，在飛利浦（Philps）公司服務，由內政部職訓局和荷蘭飛利浦公司簽約，請其擔任設在台中工業區職訓中心的顧問，期滿後，透過朋友的介紹才認識我，希望就布袋戲的問題，給他一些幫忙。

我曾介紹他到台北拜訪「西園社布袋戲文化基金會」，希望他認識真正中國布袋戲的精華。他興沖沖的去了，自願繳雙倍的會費，成為會員。但他除了照一些相片外，並沒有太大的收獲，於是又回頭找我替他解答。

據溫先生說，他是一九七五年在新加坡任職，才開始對亞洲的布袋戲發生興趣的。這種古老的民俗藝術，有一種他無法說出的親切感，於是前後三年半的時間，每逢假日，即旅行東南亞各國，踏遍各鄉村和城市，飢渴似的尋找和觀看布袋戲的演出，不久也開始收購各種木偶。

由於荷蘭戰前曾長期統治過印尼，在荷蘭的博物館收藏有甚多的印尼布袋戲木偶，他的一個朋友又是這方面的專家，因此他的收藏品中有不少精品，連荷蘭博物館也相形遜色。

在他收藏的全部七百多尊中，有四百多尊是印尼的，也許是印尼最盛行這種民俗藝術的演出吧？居第二位的是台灣的，他是民國七十二年來台，才開始蒐集，共有三百多尊，

但精品不多，因老劇團仍惜售的緣故。此外包括馬來西亞、泰國、尼泊爾等國在內，雖數量不多，但造型皆奇麗精美，令人激賞不已！

收藏品中，並非單純的木偶而已，還包括傀儡戲、皮影戲的木偶及彫刻品。台中的一個布袋戲班，連戲棚子全套都賣給他，可以說相當齊全。

他說印尼的Wayang kuljt相當台灣的布袋戲；Wayang Golek相當於傀儡戲；Wayang Topeng則類似皮影戲。在印尼的發展是：皮影戲→傀儡戲→布袋戲。在台灣則幾乎三種都同時存在。這是演變過程差異之處。

由於數量龐大，為了保管方便，他都已打包裝箱，準備運回荷蘭。許多人想參觀，他一概謝絕。我可能是唯一的例外，但也看到部分而已。

幸運的是，他為了研究方便起見，已把家中的木偶，每尊都攝影編號，分類歸檔。另外也收集了相當多的相關書籍，因此可以瞭解收藏品的內容，以及研究方法上的特色。

此外，又讓我實際操作印尼和尼泊爾的一些木偶，使我有了具體的印象。然後，他才向我提出研究上的問題點，要我試著分析解釋。這絕非業餘的欣賞，根本就是專業的研究嘛！不過，也因而才使我對印尼的布袋戲有一些概念。

從民俗的觀點來看，布袋戲是社會大眾的文化表現之一，切近於民眾的生活，並反應出傳統的習俗和趣味。

但是從整個亞洲的文明發展史來看，支配東南亞各民族文化內涵者，以中南半島為界，東邊是中國文化圈的影響為主，西邊則以印度文化圈為主。

雖然自西元十五世紀地理大發現以來，西洋勢力東漸，憑藉船堅砲利，佔領南洋群島，剝削土著，長期控制此一溝通太平洋和印度洋的重要航線。但是，早期自中國和印度傳入的文化，不但啟蒙了當地的文明，也構成了各民族文化的主要內涵，無法在精神上加以磨滅。

此即泰國、緬甸今天依然信仰上座部的小乘佛教。越南則信仰中國系統的大乘佛教。而印尼的布袋戲演出，也仍舊是印度古代兩大史詩「摩訶波羅多」和「羅摩耶那」的故事。布袋戲木偶，就是詩中故事的英雄、美人和怪獸等，反映出一個民族深遠的文化傳統和精神內涵。

比較台灣風格和印尼風格的布袋戲木偶的造型，可以看出在造型和結構上的明顯差異。

台灣的木偶，造型上比較自由和細緻，充滿了人物的個性，在服裝上也精美得多。我比對台灣布袋戲和平劇的臉譜，發現平劇的臉譜意義明確，容易歸類和理解。

但台灣布袋戲的臉譜，表面上看來受平劇影響，其實自成系統。感覺上雜亂無章，不易歸類。這可能是平劇已高度發展的緣故。

當然，像關公這樣的紅臉、鳳眼、長眉、垂鬚等特徵，已成各劇團共同的造型；但這是民間年畫長久影響下的結果。

　　一般而言，在台灣，按演出者各人的傳承和喜好，可以自由發揮想像力，創造各種造型，不受限制。這也是溫啟德先生喜歡收藏台灣布袋戲木偶的重要因素。

　　印尼的則不然。印尼的布袋戲造型，深受印度文化的影響，是由哲理、數學和藝術三者綜合而成。我的這種見解，可能從印尼來台的華僑不一定同意。

　　但這是比較文化的研究下，才歸納出來的結果。如非熟悉印度哲學和宗教的思想史，大概也難以瞭解這一文化背景。

　　我這一詮釋，是根據木偶的造型歸納出來的，並非憑空想像。從溫啟德提供的資料中可以看到：印尼的木偶頭部以上，不論臉型、頭飾和表情，都是有嚴格的規範，按各種組合，精細地塑造出五百多種臉譜和不同的表情。

　　這五百種造型，大概可以窮盡人類的七情六慾的形態，實在是由深邃的哲理、精確的數學和奇特的藝術技巧，才能創造出來。

　　就雕刻技術本身而言，水準不很高。但它的好處不在這裡，而是在背後的那個令人驚嘆的偉大文明體系及其內涵。在印尼，雕刻師和演出者，雖嚴格的遵守傳統，不能變更，他們本身可能也只是演出印度的古代史詩故事，以取樂一般愛看的民眾而已，但也因此而忠實地保存了古印度文明的精華迄今。在展看溫啟德先生的各種照片資料時，我感覺到歷史彷彿凝凍住了，人類的表情，居然也可以用數學的結構，配合哲學和藝術窮盡地表達出來。

　　但在透視這種偉大思想體系和非凡的藝術創造力之後，我禁不住又遺憾其過於完美，以致扼殺了藝術家的自由創造力，徒留一具龐大的文化遺骸，讓人為之悵然和惋惜……

　　另外在結構上，印尼的布袋戲也和台灣的大不相同。這是我初看圖片無法理解，自己親自操作後，才恍然大悟的。

　　其實，論布袋戲，只有台灣的，才有那樣一個布袋式的身體，讓人伸入手掌，以便演出。印尼的木偶是實心鑽孔的。鑽孔的目的，是為了轉動頭部和伸縮頸部。原雕刻時，頭和頸由整塊木頭刻出來，頸部和身體連接處，有鑽孔的部位，自頸部貫穿一條圓木棒到底下，以便轉動。胸部在雕刻時，是按實際男女的特徵刻的，儘管演出時，或酥胸半露，或遮上服裝，但不論那一種都很有真實感，而腰部通常是繫衣服用的。

　　它的衣服也較生活化，沒有錦繡亮片。手按關節，分臂、肘、腕三部分，以細線連接起來，要表現手部的動作時，用兩支細木棒插在左右兩掌中，從下牽動，則動作如真人。

　　它比較合乎人體工學，接近現代機器人的設計。也看得出一些傀儡戲的殘存成分。但我在操作時，擺動手部和上下伸縮頸部，那種活生生的樣子，令我都嚇一跳！可見其設計，融入了實際的生活經驗，方能如此逼真。

　　印尼的布袋戲演出，不像台灣有畫樑雕棟、金碧輝煌的棚子，講出來叫人不相信，是用兩根香蕉幹即橫擺而成，既當舞台，也可插木偶以便休息和換演角色。通常善良的放一邊，邪惡放一邊。演完一個，再換一個。演出時也是敲鑼打鼓。

不過，印尼的演出者是露出上半身的，台灣則罕有露身或露頭，即有也是例外。演的是「摩訶波羅多」或「羅摩耶那」，都是配合著固定的木偶演出，角色不能替換。因此，熟悉劇情的人，同時也可以預料出場的木偶順序和造型。的確是不同於台灣的自由和多變化。

溫啟德先生在新加坡時，曾娶了一個馬來西亞籍的中國太太，會講客家話和一點國語。不過夫婦交談是用英語。這是他的第二任太太，元配過世再娶的。我問他兩人如何認識？他說是人家介紹的。

我問是否和收藏布袋戲木偶有關，或受其影響？他說全然兩回事。他太太親口告訴我，她對印尼的布袋戲感到害怕和厭惡，完全不想接觸和瞭解，對台灣的亦然。

的確，每當我和溫啟德先生操作木偶時，她就宛如驚嚇一般，離得遠遠的，或躲入房間。但是溫啟德先生小心翼翼地避免打擾太太，同時也輕手輕腳地仔細收拾他的布袋戲木偶。兩人和平共處，恩愛情深。

從言談裡，可以瞭解兩人的教育水準相差甚遠，可是溫啟德先生絕無大男人主義的現象。他是我生平看過的外國人中，最令人感到歐洲文明良好教養下的紳士典型，但是，卻又具有藝術家的浪漫氣質和學者的認真求知精神。所以他能透過不斷的收集、分析和鑑賞，而透視異國情調下的文物背景和象徵的意義。

這種兼有知性和美感的心理滿足，驅使他孜孜不倦地經過了八年中之久的摸索過程，從一個完全陌生的業餘愛好者出發，到如今有深刻瞭解，並準備著書發表，成為專家，的確是值得學習的榜樣。

（2008年11月17日修訂）

# *8.* 談歷史感與偉大

就人類的活動而言，缺乏了歷史感，即毫無趣味可言。像莊子那樣達觀放逸的人，一樣有歷史感，否則他大可不必寫《莊子》一書那麼玄妙美麗的哲理文章。

釋迦牟尼亦是大徹大悟的人，他的歷史感一樣強烈否則他儘可忘情於人間世這個悲苦的世界，但他卻在有了高深的見解後，立即招來一些門徒聽他講道。

那麼「歷史感」到底是什麼東西？從「歷史學」的觀點來看，或許有他特定的定義，不過，這裡並非「歷史學」的研究，所以不採取它的定義。

我們可稱之為：「歷史感」就是「對永恆生命的一種體認」，「對偉大嚮往」或「一種資格和地位的取得。」

首先，我們要瞭解，生命的一切意義，都是從「自我」的是是產生的；當「自我」消失時，生命的一切，對我們就不發生任何意義，也談不上什麼價值。而「自我」消失的最顯著特徵，就是肉體會死亡，一死萬事皆空。於是，人類透過各種方法，例如蘇格拉底臨死前，仍和門徒辯論靈魂不朽的問題，古埃及盛行死後仍能復活的傳說等，想把自己壽命延長；再不然，退而求其次，精神能保留下來也好。「偉大」的深刻意義，就因此而誕生了。

「偉大」一詞，可稱之為「永恆生命的替身」，因為它能超越時空的阻礙和淘汰，以後代人類的心靈為園地，一代一代的在記憶中傳衍下來。

「偉大」的奧祕無他，生命力最堅韌，競爭力最強勁而已。當同時代的人在人類薄弱的記憶中逐漸模糊時，他依然存在！

《柏拉圖對話錄》、《論語》、《老子》、《可蘭經》、《新約》……都是人類追求不朽的偉大的精神實錄。「偉大」代表了「歷史感」的最高峰。……

但是，「偉大」也可稱之為「一種資格和地位的取得」。舉例來說，中國歷史上有無數的帝王，帝王雖代表了人類權力的最高峰，卻非最偉大的「歷史性人物」。

孔子不是帝王，但他比任何帝王都偉大，他的偉大是由於承襲了周朝文化的傳統嗎？是由於「有教無類」嗎？顯然不只是如此，在博學方面，荀子勝過他；就弟子的成就而言，荀子也比他強。但是，論語中有關「仁」的觀念，卻是孔子獨一無二的偉大創造。

「仁」的觀念影響了中國人兩千多年的倫理道德思想，這實在是了不起的成就。原創性的思想最珍貴，而他是最初的一粒火種，不論以後火勢有多麼旺，也不能掩蓋他首先在黑暗中發射出來的光芒。

在西洋文化話方面，基督教影響最大，而耶穌則是其中的關鍵人物。表面上看來，保羅和彼得要比耶穌偉大得多，如

果非他們兩個人的傳教天才，如非他們來到羅馬，則耶穌的福音，可能只是在中東地區傳播罷了，甚至可能早已湮滅。

然而，保羅和彼得仍只是陪襯得人物，因為耶穌才是「新約」福音書的精神泉源。缺少了「登山寶訓」的偉大倫理精義，則基督教將不成為基督教，所以耶穌的地位也是獨一無二的。

釋迦牟尼的情況也一樣，不談迦葉和阿難兩大門徒的成就，就是偉大如龍樹、提婆、無著、世親等幾個大乘佛學經典的詮釋者，無論他們對佛學有多大的貢獻，永遠是陪襯的人物，也都不能取代釋迦牟尼的歷史地位。因為他們不是佛教的創始者〈當然，就他們各人成就的部分而言，也具有獨特的歷史地位。〉這也印證了他們上述所說的「一種資格和地位的取得」。

不過，孔子、耶穌、釋迦牟尼三個人，是超級巨星，所以歷史地位較容易認定。至於其他較次一等的人物，則所謂「偉大」與否，有時也很難認定。

某些時候顯得很突出的人，說不定過了不久，就從歷史舞台上消失，不再為人所重視。

而某些默默無聞的人，也許經過若干年後，卻奇蹟似的顯赫起來，成為千百萬人崇拜的對象。

在文學、哲學和藝術的領域裡，這種例子太多了。

叔本華年輕時，一直埋怨世人對他的傑作漠不關心，而在他的暮年，人們突然重視他了，像英雄一樣的崇拜他，從世界各地發出的熱烈回響，令他大慰平生。

但是，寫《紅與黑》的司當達爾、寫《白鯨記》的麥爾梅爾、和印象派畫家梵谷，則一直認為自己終生一事無成，從未料到死後的偉大聲名。

對於生平不得志的藝術家、哲學家或社會改革家等之類的人物而言，「死後被人所重視」這一信念，是支持他們在寂寞坎坷的生涯中，繼續堅忍奮鬥下去的精神泉源。

可是，並非所有的人，都這麼幸運，一定能在死後，重新被人發覺和重視。除非個人真有珍貴的或獨特的精神創造，「復活」才有可能，否則大多數只是像煙霧般的消逝。

也許他們的性靈中確曾藏有極優秀的觀念，卻由於缺乏機緣或外界的啟發，被堵塞住了，如沸騰的岩漿在胸中翻滾，卻無法迸射出來，虛度一生，無所作為，最後懷著滿腹屈鬱走進墳墓裡，與草木同朽，不復為人所記憶。

老冉冉其將至兮，
懼修名之不立。

像屈原這樣具有偉大詩才的人，內心中也有「時不我予」的惶惑之感，所以《離騷》中才會出現這樣的句子，哀鷥般的替世人吟出永生難求的悲嘆！

然而，對於沒沒在世人之前先行肯定自己歷史地位的狂人，菲希特在《對德意志國民演講》中有一段話，最足震聾啟瞽，發人深省。

他說：「真正的偉大，都是自己滿足自己，不須時人為他建立銅像，加以大人物之徽號，旁人的鼓掌、群眾的歡呼，凡此外來的毀譽，皆一一拒絕之，而靜待自己胸中的的裁判，或後世之蓋棺論定。真正的偉大，更有第二特點，即對神祕莫測的運命，常存敬畏之心，且安坐以待命運輪盤的告終，決不於歷史尚未清算前而以大人物自居焉。」

國家圖書館出版品預行編目

江燦騰自學回憶錄——從失學少年到台大文學博士之路
/ 江燦騰著. -- 一版. -- 臺北市：
秀威資訊科技，2009.03
面； 公分. -- （史地傳記類；PC0076）
BOD版
ISBN 978-986-221-180-9（平裝）

1.江燦騰 2.回憶錄 3.台灣傳記

783.3886                                98002592

史地傳記類　PC0076

# 江燦騰自學回憶錄
## ——從失學少年到台大文學博士之路

作　　　者／江燦騰
主　　　編／蔡登山
發　行　人／宋政坤
執 行 編 輯／詹靚秋
圖 文 排 版／郭雅雯
封 面 設 計／蕭玉蘋
數 位 轉 譯／徐真玉　沈裕閔
圖 書 銷 售／林怡君
法 律 顧 問／毛國樑　律師
出 版 印 製／秀威資訊科技股份有限公司
　　　　　　台北市內湖區瑞光路583巷25號1樓
　　　　　　電話：02-2657-9211　傳真：02-2657-9106
　　　　　　E-mail：service@showwe.com.tw
經　銷　商／紅螞蟻圖書有限公司
　　　　　　台北市內湖區舊宗路二段121巷28、32號4樓
　　　　　　電話：02-2795-3656　傳真：02-2795-4100
　　　　　　http://www.e-redant.com

2009 年 3 月　BOD 一版
定價：300 元

# 讀　者　回　函　卡

感謝您購買本書，為提升服務品質，煩請填寫以下問卷，收到您的寶貴意見後，我們會仔細收藏記錄並回贈紀念品，謝謝！

1. 您購買的書名：_____

2. 您從何得知本書的消息？

　　□網路書店　□部落格　□資料庫搜尋　□書訊　□電子報　□書店

　　□平面媒體　□ 朋友推薦　□網站推薦 □其他_____

3. 您對本書的評價：(請填代號　1.非常滿意 2.滿意 3.尚可 4.再改進)

　　封面設計____　版面編排____　內容____　文/譯筆____　價格____

4. 讀完書後您覺得：

　　□很有收獲　□有收獲　□收獲不多　□沒收獲

5. 您會推薦本書給朋友嗎？

　　□會　□不會，為什麼？_____

6. 其他寶貴的意見：_____

　　_____

　　_____

　　_____


## 讀者基本資料

姓名：_____　年齡：_____　性別：□女 □男

聯絡電話：_____　E-mail：_____

地址：_____

學歷：□高中(含)以下　　□高中　　□專科學校　　□大學

　　　□研究所(含)以上 □其他_____

職業：□製造業 □金融業 □資訊業 □軍警 □傳播業 □自由業

　　　□服務業 □公務員 □教職　　□學生 □其他_____

------------------------------------------------

(請沿線對摺寄回,謝謝!)

## 秀威與 BOD

BOD（Books On Demand）是數位出版的大趨勢，秀威資訊率先運用 POD 數位印刷設備來生產書籍，並提供作者全程數位出版服務，致使書籍產銷零庫存，知識傳承不絕版，目前已開闢以下書系：

一、BOD 學術著作—專業論述的閱讀延伸
二、BOD 個人著作—分享生命的心路歷程
三、BOD 旅遊著作—個人深度旅遊文學創作
四、BOD 大陸學者—大陸專業學者學術出版
五、POD 獨家經銷—數位產製的代發行書籍

BOD 秀威網路書店：www.showwe.com.tw
政府出版品網路書店：www.govbooks.com.tw

永不絕版的故事·自己寫·永不休止的音符·自己唱